Martha Alicia Chávez es una reconocida psicóloga, con especialidades en Psicoterapia familiar sistémica, Programación neurolingüística, Hipnoterapia Ericksoniana y Terapia en alcoholismo y adicciones. Numerosos profesionales de la salud utilizan sus libros como base para su trabajo terapéutico y para impartir cursos y talleres. Sus obras son textos obligados en las bibliotecas de diversas universidades e instituciones educativas. El positivo impacto que genera proviene de una vasta experiencia profesional y de un honesto compromiso con su propio crecimiento interior. Es autora de los exitosos *Tu hijo, tu espejo, Todo pasa… y esto también pasará, Te voy a contar una historia, En honor a la verdad, Hijos tiranos o débiles dependientes, 90 respuestas a 90 preguntas, Mamá te quiero; papá te quiero, consejos para padres divorciados, Hijos invisibles, Hijos gordos, ¡Con golpes no!, Cómo una mujer se convierte en bruja y un hombre en bestia.*

HIJOS TIRANOS O DÉBILES DEPENDIENTES

HIJOS TIRANOS O DÉBILES DEPENDIENTES

El drama del hijo sobreprotegido

MARTHA ALICIA CHÁVEZ

Grijalbo

El papel utilizado para la impresión de este libro ha sido fabricado a partir de madera procedente de bosques y plantaciones gestionadas con los más altos estándares ambientales, garantizando una explotación de los recursos sostenible con el medio ambiente y beneficiosa para las personas.

Hijos tiranos o débiles dependientes
El drama del hijo sobreprotegido

Primera edición: marzo, 2008
Segunda edición: octubre, 2024

D. R. © 2007, Martha Alicia Chávez Martínez

D. R. © 2024, derechos de edición mundiales en lengua castellana:
Penguin Random House Grupo Editorial, S. A. de C. V.
Blvd. Miguel de Cervantes Saavedra núm. 301, 1er piso,
colonia Granada, alcaldía Miguel Hidalgo, C. P. 11520,
Ciudad de México

penguinlibros.com

ISBN: 978-607-385-010-0

Impreso en México – *Printed in Mexico*

A todos los padres... y a todos los hijos

Índice

Introducción

¡Cómo me duelen los hijos sobreprotegidos!...

Porque no sólo hacen sufrir, sino que también sufren... ¡y mucho! Los hay de todas edades y todos cargan una gran culpa y autodesprecio.

¡Sí que me duelen los hijos sobreprotegidos!; aunque son el resultado de una dinámica familiar, ellos portan la etiqueta de "malos" o "fracasados".

Los hijos sobreprotegidos se vuelven tiranos dictadores o débiles dependientes porque sus padres no les pueden decir NO, porque no les ponen límites, porque les facilitan y solucionan todo, porque no los dejan vivir las consecuencias de sus actos y hasta les permiten que los maltraten. Y ¡hay tantos de esos hijos en la actualidad!

De ninguna manera quiero ser mal interpretada como una de esas personas que consideran que los niños y jóvenes de estos tiempos están "echados a perder" y que las generaciones pasadas fueron mejores. ¡Todo lo contrario! No sólo creo, sino también estoy convencida, de que nuestros niños y jóvenes son maravillosos y fascinantes, y que la tendencia que los adultos tenemos a descalificarlos y considerar que se comportan "mal" sólo se debe a la eterna "brecha generacional" que ha existido desde siempre y que consiste en el hecho de que cada generación de adultos descalifica a la nueva generación de jóvenes, para afirmar que "en sus tiempos era mejor".

No obstante, creo también que en cada generación se forman numerosos hijos sobreprotegidos, debido a que muchos padres de la misma presentan una tremenda falta de autoridad, que es justamente lo que genera esta clase de hijos. Este fenómeno se ha dado sin duda en cada generación, a lo largo de la historia.

Pero resulta que aquí estoy yo, viviendo en esta época y siendo parte de esta generación de padres; y es por lo tanto, sobre la crisis de autoridad de los padres de ésta época, y de los hijos sobreprotegidos de estos tiempos, de lo que me toca hablar.

Es necesario que tomemos conciencia de los diversos factores y situaciones por los que los padres pasamos actualmente, los cuales nos hacen tan difícil el ser capaces de poner límites a los hijos, de decirles NO cuando hay que hacerlo y de manejar una autoridad y disciplina sanas y amorosas, porque ni siquiera entendemos la importancia de ellas en la vida.

Es indispensable darnos cuenta de todas las consecuencias desastrosas que la falta de autoridad de los padres y la sobreprotección hacia los hijos acarrea; no sólo al hijo que se le sobreprotege, sino también a las generaciones venideras, como lo veremos más adelante. Yo creo y confío en que cuando un padre comprende la trascendencia tan destructiva que tiene el hecho de sobreproteger a su hijo, entonces ese padre despertará sus recursos internos que le permitirán retomar su autoridad cedida al hijo, tal vez sin haberse dado cuenta.

Una familia es un sistema, un grupo de individuos de una misma clase y especie y como tal requiere una jerarquía que le dé balance y orden y le permita existir de manera equilibrada y armoniosa. Las estructuras jerárquicas son necesarias para la supervivencia en todos los niveles y, en el caso de la familia, implican un orden descendente de acuerdo con criterios de autoridad y poder. Esto significa que lo esperado —porque es lo sano— es que los padres ocupen el primer lugar en ese orden jerárquico.

No porque sean mejores, superiores o más valiosos, sino porque son los mayores, los procreadores. A ellos les corresponde tomar ese lugar de acuerdo con la armonía y el orden natural de la vida. Observemos a la naturaleza íntegra, que nos confirma la ineludible realidad de que las estructuras jerárquicas son necesarias para que existan el equilibrio, la armonía y la vida misma.

Cuando en una familia la autoridad y el poder recaen donde no deben estar, es decir en los hijos (uno o todos), el sistema se desequilibra, la dinámica de relación entre los miembros se confunde y trastorna, y desarmoniza profundamente a todos y en todos los niveles. Por otra parte, tener tanto poder en la familia, provoca en el hijo o los hijos que lo llevan, alteraciones de tipo emocional, como la ansiedad y la angustia. Es demasiado pesado cargar sobre sus espaldas semejante paquete —la autoridad y el poder— que está "diseñado" para las espaldas de los progenitores —los padres— no de los hijos.

Un factor que nos hace difícil el poder ejercer esa autoridad es el tener un concepto erróneo de ella, que nos conduce a creer que es algo malo, abusivo e indeseable o hasta pasado de moda. ¡No lo es en absoluto! Es un factor indispensable para el sano funcionamiento de la familia y más adelante nos quedará muy claro el porqué. En la medida en que los hijos crecen, la forma en que los padres manejan su autoridad se deberá ajustar a las nuevas circunstancias, pero no desaparecer.

Los padres que son capaces de tomar el lugar que les corresponde en su familia y ejercer su autoridad con amor, pero también con firmeza, están ofreciendo a sus hijos la mejor herencia, que trascenderá para el resto de su vida y la de sus descendientes por venir. ¿Te parece exagerado? No te culpo, pero espero que al terminar de leer este libro te encuentres convencido de la importancia de este asunto, y te sentirás motivado para hacer los cambios necesarios en el manejo de tu autoridad, si es que hay algunos por hacer.

1

La actual "crisis de autoridad" y sus causas

> Lo que más me impresiona de América es la manera en que los padres obedecen a sus hijos.
>
> Edward VIII (duque de Windsor)

En la actualidad, los padres padecemos una monumental "crisis de autoridad". Y afirmo esto sin temor a equivocarme, porque lo veo constantemente en mi interacción profesional con cientos de padres y madres.

A mí me preocupa la "crisis de autoridad" que nos aqueja, porque genera muchos hijos sobreprotegidos y tiranos, cuyos débiles padres les tienen miedo y tratan a toda costa de evitar decirles que NO para que no se enojen, o incomodarlos de alguna manera.

En una reunión, alguien tocó el tema de esa hermosa edad, entre los 3 y 5 años, en la que los niños tienen mucha curiosidad y hacen preguntas acerca de todo. Un abogado que se encontraba ahí comentó: "cuando mi hija de 3 años comienza a preguntar, yo simplemente le respondo: 'ay, mi reina, ya no pienses tanto'".

Los presentes hicimos toda clase de expresiones de indignación, a las que él respondió:

"¡Ya los viera a las 12 de la noche contestando preguntas a la niña!" Yo le objeté:

"¿Y qué hace una niña de 3 años despierta a las 12 de la noche?"

"Si la mandamos a dormir antes, ¡hace unos dramas de miedo!", respondió el hombre, satisfecho con su excusa.

Eso me recordó a una mujer que al referirse a su hijita de 3 años, me dijo: "ay, Martha, ¡le tengo tanto miedo!" Este temor a incomodar a los hijos de cualquier edad, por la reacción que podrían tener, lo he encontrado en muchísimos padres y madres. El tenerle miedo a sus hijos convierte a los padres en títeres de los mismos y tener un padre títere, débil, manipulable e inseguro afecta de manera dramática la vida de los hijos, como lo comprobaremos más adelante.

En cierta ciudad donde recientemente impartí una conferencia, cinco madres, sumamente preocupadas, me contaron algo por lo que estaban pasando sus hijos e hijas quinceañeros, compañeros en el colegio. En esa época, prácticamente todos los jóvenes del salón estaban por cumplir 15 años, por lo que había fiestas casi cada fin de semana. Pero una en particular era la que les preocupaba. Resulta que un compañero celebraría su cumpleaños en un rancho que era propiedad de su papá y quedaba a dos horas de la ciudad. El padre se encargaría de llevarlos y "cuidarlos" durante la celebración, que duraría ¡todo el fin de semana!

Pero resulta que el papá era otro quinceañero como ellos. El tipo de hombre con un claro "síndrome de Peter Pan": el adolescente que no quiere crecer; en lugar de cumplir con sus responsabilidades como padre, se la pasaba en fiestas con sus amigos solteros y muchos años menores que él. ¡Y este hombre sumamente irresponsable llevaría y "cuidaría" a ese montón de adolescentes durante el fin de semana!, sin olvidar, por supuesto, los numerosos "six" de cerveza que no podían faltar. Más adelante hubo un cambio de planes de último momento, así que el señor "Peter Pan" sólo llevaría a los jóvenes al rancho, pero él regresaría a la ciudad porque le había surgido un asunto inesperado para esa fecha.

Es claro el porqué esas madres estaban tan preocupadas de que sus hijas e hijos asistieran a la dichosa fiesta. Pero lo que me dejó más impresionada fue que me contaron: "Todo el santo día nos llamamos por teléfono para hablar de lo preocupadas que estamos, lloramos, se nos va el sueño... ¡estamos tan mortificadas!" Y yo les respondí: "¡por Dios!... ¡simplemente díganles: hija mía, hijo mío, tú no vas a ir a esa fiesta... explíquenles las razones... y punto!" Pero me impresioné aún más, casi hasta quedarme sin habla, cuando al unísono, cada una respondió con su propia absurda exclamación: "¡ay, se van a enojar!" "¡Van a creer que no los queremos!" "El mío me va a decir: 'pues ésa es tu opinión mamá, yo de todas maneras voy a ir", "¿No se traumarán porque no los dejemos ir?'"...

¡Increíble! Simple y sencillamente... ¡increíble!

¿Cuáles son los factores que originan esta trágica y peligrosa "crisis de autoridad" que nos aqueja a los padres hoy en día? ¿Por qué no podemos decir NO? ¿Por qué nos cuesta tanto establecer una disciplina dentro del seno familiar? ¿Qué nos lleva a querer resolverles los problemas a nuestros hijos, darles todo en charola de plata y a manos llenas y facilitarles tanto la vida? ¿Por qué permitimos que nos maltraten? Podríamos condensar la respuesta en estos tres factores:

- Culpa.
- Ser parte de una "generación de transición".
- Amnesia.

CULPA

Además de que soy madre, en mi quehacer profesional estoy en constante y estrecho contacto con cientos de padres de familia;

y ¡cómo me impresiona la abrumadora cantidad de culpa que los padres cargamos hoy en día! Experimentamos altos niveles de este sentimiento como una pesada carga, que nos oprime el pecho y hasta nos quita el sueño.

La culpa es un sentimiento "peligroso" no sólo porque se siente muy feo... o tal vez justamente por eso. Es, en efecto, un sentimiento intenso que a veces nos ahoga, ¡nos rebasa! Y como un mecanismo de compensación, nuestro inconsciente genera toda una estrategia para bajar el nivel de este sentimiento, para "lavar" esa atormentadora culpa. Por supuesto, ésta la podemos experimentar en toda clase de relaciones y situaciones, pero en el caso específico de la relación padres hijos, la culpa, insisto, es muy "peligrosa". Porque bajo su influencia vamos a cometer las peores tonterías, como comprarles todo lo que exigen, dejarlos hacer todo lo que quieran sin ponerles límites, solucionarles los problemas que generan y hasta permitirles que nos insulten y maltraten. Los hijos que son "víctimas" de padres culpígenos se convertirán sin duda en seres débiles, dependientes, tiranos y éste es justamente el perfil del hijo sobreprotegido.

Veamos cuáles son las razones por las que los padres experimentamos esta culpa:

a) Demasiada información

Una mujer de más de 80 años me dijo hace poco: "¡ay, Martha, qué complicado es criar hijos hoy en día! En mis tiempos todo consistía en esto: si era niña, había que enseñarle a ser buena ama de casa, esposa y madre; si se trataba de un niño, prepararlo para ser capaz de proteger y sostener a una familia; enseñarles a ser buenas personas, y si se portaban mal, ¡pegarles! Eso era todo. ¡Pero ahora...!"

En efecto, a diferencia de los padres de generaciones anteriores, los de hoy tenemos muchísima información acerca de la psicología de los niños y adolescentes y sobre la educación de los hijos en general, proveniente de toda clase de fuentes: libros, conferencias, programas de radio y televisión, prensa y cursos. Saber tanto nos hace conscientes de los errores que cometemos en la educación de nuestros hijos, y esa conciencia a su vez nos genera culpa y nos sentimos malos padres cuando los cometemos.

Podemos llegar a tener tormentosos y recriminatorios diálogos internos como éstos:

* ¡Le mandé ese mensaje negativo a su identidad! Debí haberle dicho "te comportas egoísta", en lugar de "eres" egoísta ¡le voy a afectar su autoestima!
* ¡Otra vez le grité! Voy a provocar que deje de escucharme para protegerse.
* ¡Debí haber usado el "mensaje yo" y haberle dicho: "yo me pongo nervioso cuando tú gritas" en lugar de: "me pones nervioso con tus gritos!" Le cargué la responsabilidad y la culpa por mis sentimientos. ¡Qué gran error cometí!
* Hoy no tuve tiempo de convivir con mis hijos, ¡van a sentir que no me importan!
* Hice esto en lugar de aquello... ¡Lo voy a traumar!
  Y la lista podría seguir... interminable... apabullante...

No tiene nada de malo el que tengamos toda esa información que nos hace conscientes de nuestros errores. Al contrario, saber es una bendición y es también la fuente de todos nuestros aciertos. De lo que hay que tener cuidado en este punto es de no hacernos a nosotros mismos ese juego condenatorio y cruel que puede resultar devastador. No hay que perder de vista todos nuestros aciertos y virtudes como padres; hay que ser pacientes y compasivos con nosotros mismos y recordar siempre que estamos haciendo lo mejor que podemos.

No nos preocupemos, la vida acaba de educar a nuestros hijos; y no importa cuánto nos esforcemos, seguiremos cometiendo errores... ¡muchos!; así es la naturaleza humana... ¡y está bien!

b) Pasar poco tiempo con sus hijos

Ésta es otra de las razones por las que los padres nos sentimos culpables. En la actualidad, algunas veces por necesidad y otras por puro gusto, muchos padres y madres pasan casi todo el día fuera de casa. Este hecho por lo general causa en ellos un fuerte conflicto interno; un padre que trabaja muchas horas al día me dijo una vez que constantemente tiene una molesta vocecita interior que le dice: "deberías pasar más tiempo con tus hijos, ellos te necesitan, esta semana no has convivido nada con ellos..."

Para las madres, por lo general ese conflicto interno es peor, sobre lo cual redundaré más adelante en la sección titulada: "ser parte de una generación de transición".

c) Rechazo y agobio

Para una revisión profunda de este tema, te recomiendo que consultes los capítulos 4 y 5 de mi libro *Tu hijo, tu espejo*, en el que encontrarás un desarrollo más amplio de estos dos aspectos. En este espacio lo presentaré de manera muy concisa.

Es un hecho que ser padre es una experiencia maravillosa y sagrada, pero también difícil. Es una tarea de 24 horas que dura muchos años. Debido a eso, es normal entonces que nos sintamos agobiados y cansados a veces o a ratos, durante ciertas etapas o constantemente. No es enjuiciable ni condenable este sentimiento, porque es natural que suceda.

También es un hecho que los padres podemos sentir rechazo hacia un hijo o a todos, que un hijo nos desagrade más que los otros, que nos sea más difícil aceptarlo y quererlo.

Estos sentimientos de agobio y rechazo nos causan una de las mayores culpas que se pueden tolerar. El solo hecho de reconocerlo en secreto, para nosotros mismos, nos hace sentir realmente malos y avergonzados. Es muy importante comprender que estos sentimientos son normales y que, en lugar de reprimirlos o negarlos, encontremos maneras sanas de lidiar con ellos.

Respecto al sentimiento de agobio, por ejemplo, yo recomiendo mucho que los padres, como pareja y como individuos, realicen actividades en las que no estén presentes los hijos. Las parejas deberían salir sin hijos, cada semana o cuando se pueda: a cenar, al cine, a visitar amigos. Y de vez en cuando tomar unas vacaciones sin hijos, aunque sea sólo durante un par de días, es muy recomendable también. Esto no sólo ayudará a mantener un bajo nivel de agobio que nuestro quehacer como padres nos genera, sino también reforzará la relación de tú a tú con la pareja, lo cual siempre resultará sumamente útil, y de manera particular, para cuando deba enfrentarse el momento del "nido vacío" y los hijos se vayan.

Por lo general, las madres pasan más tiempo lidiando con sus hijos que los padres, ya que normalmente éstos salen a trabajar fuera de casa; esto es ya de por sí una actividad personal en la que los hijos no están presentes. Pero aquellas madres cuyo único sentido de vida es cuidar y atender a sus hijos pueden llegar a desarrollar tremendos niveles de agobio, con todas las consecuencias que éste acarrea. Nadie duda de que su prioridad como madre siempre serán sus hijos y su hogar, eso es hermoso. Pero es importante que encuentren alguna actividad personal, como un deporte o pasatiempo, un curso, un grupo de apoyo, una labor de beneficencia, que les permita tener un espacio para sí mismas, lo cual contribuirá a que se sientan menos agobiadas.

Los momentos más viables para llevar a cabo este tipo de actividades serán cuando los hijos están en el colegio, porque no habrá pendiente de que se queden solos; pero también existe la posibilidad de pedir apoyo a familiares o amigos confiables, para que en algunos momentos puedan cuidar a los niños y la madre disponga de un espacio para sí misma. Así también, en todos lados existen instituciones gubernamentales o privadas que ofrecen todo tipo de opciones, como cursos, deportes, pasatiempos y muchas otras actividades, en las que también proporcionan cuidado e interesantes actividades para los hijos, mientras mamá hace lo suyo.

Cuando se experimenta rechazo hacia un hijo, es necesario reconocerlo, porque hay eficaces alternativas para sanarlo y transformarlo, las cuales presento en mi citado libro, que realmente te recomiendo que consultes.

Ese rechazo reprimido y negado de los padres hacia un hijo puede deberse a muchos factores: llegó cuando no lo deseaban, es del sexo que no querían, o sencillamente no les gusta porque se sale de manera radical de los parámetros que los padres consideran como algo "adecuado o bonito". Rechazar a un hijo, como previamente mencioné, genera en los padres altos niveles de este insoportable sentimiento que es la culpa. Entonces, para disminuirla lo sobreprotegen, permitiéndole ser y hacer todo lo que quiera y hasta maltratarlos.

Asimismo, cuando los padres son agresivos con sus hijos, experimentan enormes niveles de culpa; sienten que no son buenos padres, lo cual los conducirá también a esas patológicas conductas de sobreprotección con el fin de "lavar" su culpa y disminuir la dolorosa sensación que ésta les causa.

d) La creencia de ser "malos" padres

Debido a que los padres tendemos a ser muy exigentes y condenatorios con nosotros mismos, es fácil caer en la trampa de sentirnos malos; digámoslo de otra forma, estamos convencidos de que podríamos hacerlo mucho mejor. Desde un punto de vista esto es cierto, siempre puede haber mejor y también peor, lo cual depende de con quién nos comparemos. Pero si nos comparamos cada uno consigo mismo —que es lo adecuado y sano—, no hay nada que juzgar. Cada uno hacemos lo mejor que podemos de acuerdo con quienes somos. Con todos nuestros defectos y virtudes, limitaciones y recursos, ponemos sin duda nuestro 100% en esta labor de ser padres. Estoy convencida de que ningún padre o madre hace algo intencionalmente para dañar a sus hijos y arruinarles la vida.

También debemos estar conscientes de que siempre existe la bendita posibilidad de buscar ayuda profesional para sanar nuestras heridas emocionales y conflictos de personalidad; es importante, además, que tomemos la responsabilidad de nuestra vida para crearnos situaciones que nos permitan ser felices, porque un padre sano y feliz será sin lugar a dudas un buen padre. Cuando un padre lleva mucho dolor emocional, frustración y amargura, muy probablemente será agresivo y cruel con sus hijos, lo cual de seguro le generará una enorme culpa, y después... ¡A "lavarla"! Y a dejar que ellos lo maltraten cumpliéndoles todas sus demandas.

Algunos padres se sienten culpables y malos porque no pueden responder a las exigencias de sus hijos en el aspecto académico. Hace poco una pareja me comentó que estaban muy tristes y preocupados porque no podían dar a su hija de 19 años lo que pedía. Ella quería ir a estudiar su carrera en el extranjero. Cuando les presentó a sus padres el presupuesto de lo que eso costaría, casi se desmayan de la impresión. ¡Era demasiado para ellos! ¡Simplemente no podían!

La desconsiderada hija reaccionó muy enojada porque "no la apoyaban" y le estaba exigiendo al papá que vendiera el coche, así como una maquinaria que tenía para un negocio futuro que planeaba emprender y que además sacara sus escasos ahorros para que ella pudiera realizar su sueño. Llevar a cabo estas "ideas geniales" que la hija proponía llenaba al padre de dudas y miedo; y aun cuando hiciera todo eso, lo más probable sería que de todas maneras no le iba a alcanzar el dinero.

Los padres me pidieron mi opinión al respecto y ésta fue mi respuesta:

"Díganle NO... ¡y punto! Simplemente no pueden darle eso que pide. Díganle que están totalmente dispuestos a proporcionarle una carrera y apoyarla con todo su amor para que la realice de la mejor manera posible, pero en su país, porque eso es lo que pueden darle. Una vez que ella la termine —o desde antes, como muchos jóvenes lo hacen—, puede ponerse a trabajar y ahorrar el dinero necesario para que se pague a sí misma un posgrado en el extranjero. Así de simple".

En una ocasión, una pareja de amigos organizó una reunión en su casa de la playa, a la cual invitaron a otras cinco parejas. La hermosa casa quedaba a tres horas de la ciudad donde vivíamos y la idea era que pasáramos el fin de semana allá, de viernes a domingo; todos los invitados fuimos preparados para ello.

El sábado en la tarde sonó el celular de uno de los presentes: era su hijo de 21 años. El papá manifestó una gran inquietud durante todo el tiempo de la llamada y su tono de voz era débil y bajo, como si estuviera asustado, avergonzado o ambas cosas. Todos lo observábamos atentos y sobre todo su esposa, que esperaba ansiosa el momento en que él colgaría, para saber de qué se trataba el asunto.

Por fin terminó la llamada, y ante las miradas expectantes de todos se dirigió a su esposa para comunicarle: "dice que no ha comido en todo el día y preguntaba si íbamos a llegar hoy mismo o hasta mañana". A la esposa se le soltó en automático una fuerte reacción de preocupación porque su hijito de 21 años no había comido. "Mejor vámonos ya" le dijo a su esposo. Todos reaccionamos e intentamos hacerles ver que era una tontería que se tuvieran que ir por esa razón, como si su hijo no pudiera comer si ellos no se encontraban ahí para alimentarlo. La pareja trató de volverse a integrar al resto del grupo y seguir platicando y disfrutando, pero se les notaba realmente preocupados e incómodos.

Al fin ya no aguantaron más y anunciaron su inmediata partida. No era de buenos padres el estarse divirtiendo, mientras su hijito se moría de hambre, y esa convicción los llenó de culpa. "Ya no vamos a poder disfrutar sabiendo que Alex no ha comido", dijo la esposa, casi orgullosa de ser tan buena madre. Algunos de los amigos trataron de convencerlos de quedarse hasta el día siguiente como era el plan inicial y de hacerles ver que no era correcto que consintieran así a su hijo. Pero nada los convenció. Y aunque parezca increíble, empacaron sus cosas y se fueron, a pesar de que ya eran alrededor de las 6 de la tarde.

¡Cuidado con la culpa! Bajo sus efectos podemos volvernos tontos títeres de nuestros hijos y estupidizarnos a tal punto que podemos caer fácilmente en todos los chantajes y manipulaciones imaginables; porque quien se siente culpable es sumamente manipulable.

También observo con frecuencia a muchas madres en la playa, en la alberca del hotel o del club, o en cualquier lugar de recreo o vacaciones. Parece que cuanto menos disfrutan y se ocupan más de atender a sus hijos, dándoles la toalla en la mano, llevándoles un refresco, mejores madres son. Parece que si se dieran el permiso de tirarse al sol (o a la sombra) por un buen rato a leer, escuchar música o simplemente descansar, no son buenas madres. Las buenas son las que se pasan las vacaciones cocinando y atendiendo a los hijos y a todo el resto del clan, sin tomarse unas horas para su propia diversión y descanso. ¡Ésas son las buenas! Si no lo hacen así, se sienten malas y culpables.

No se trata de no atender y cuidar a los niños, sino de buscar la manera y la ayuda de otros adultos que les acompañan —comenzando por el padre— para que la madre pueda también tener sus momentos de descanso y diversión. Incluso, muchos hoteles cuentan con un "club de niños" donde los cuidan perfectamente, además de que conocerán a otros niños y realizarán fascinantes y divertidas actividades con sus nuevos amigos; mientras tanto, la madre tendrá unas horas para sí misma, como bien merecido se lo tiene. ¡Y sigue siendo buena madre!

Con frecuencia muchos padres me comentan situaciones que les causan culpa, que son verdaderamente absurdas, insignificantes e inofensivas. No obstante, a ellos les carcomen las entrañas con esa tormentosa sensación que la culpa genera, porque las consideran verdaderas tragedias.

Un padre me contó que una noche, mientras se estaba lavando los dientes y preparándose para dormir, su hijo de 8 años le gritó desde su recámara: "¡papá, ven!", a lo que él respondió con un: "ahorita voy", y se tomó unos breves minutos para terminar lo que estaba haciendo. Acto seguido, fue a la recámara de su hijo para ver qué se le ofrecía, pero lo encontró ya profundamente dormido y decidió no despertarlo. Le costó mucho trabajo conciliar el sueño por la culpa que sentía de no haber atendido ¡de inmediato! el llamado de su hijo, considerándose un mal padre por ello.

Una madre, por su parte, me platicó llorando que la tarde anterior su hija de 12 años le pidió que le hiciera un morralito de mezclilla. Fue a la tienda a comprar la tela y los adornos que le pondría y regresó a casa con toda la intención de hacerlo durante la tarde, para que su hija lo estrenara al siguiente día. Pero las cosas no sucedieron así; llegaron visitas, después el hijo menor se sintió mal y tuvo que llevarlo al doctor, atendió una cantidad de llamadas y luego se hizo de noche y llegó la hora de hacer la cena. La agobiada madre simplemente no tuvo tiempo de sentarse en paz a hacer el famoso morralito, el cual tuvo que esperar su turno para el día siguiente. Eso la hizo sentirse realmente culpable.

¡Créeme, por favor! ¡Esas cosas no trauman a los hijos! ¡Detengamos ya por Dios ese juego ridículo de estarnos sintiendo culpables todo el tiempo, a veces por nimiedades como éstas! Tus hijos no necesitan una madre o un padre llenos de culpa y por consiguiente manipulables y débiles. Necesitan padres maduros, adultos fuertes y con dignidad… ¡con mucha dignidad! ¿Y qué es la dignidad sino el respeto por uno mismo? ¡La dignidad me encanta!; significa reconocer tus errores, pero también perdonarte por ellos, porque no pudiste hacerlo mejor; y saber con toda certeza que, aun así, sigues siendo valioso, maravilloso y digno de todo lo bueno que la vida tiene para darnos.

Una madre me comentó hace poco en una conferencia que su hija de 32 años continuamente le reclamaba lo mala madre que había sido y cómo le había arruinado la vida. Me dijo con voz entrecortada por el llanto: "yo ya me perdoné, pero ella no me perdona". Le dije que me daba la impresión de que tal vez ella misma no se había perdonado como pensaba, sino que en realidad todavía estaba cargada de culpa, porque seguía siendo vulnerable a la manipulación de su hija a través de esos reclamos. Le dije que también me daba la impresión de que, por la misma razón, accedía a todas las exigencias de la hija, le daba dinero, le compraba coche, hacía todo por ella como si fuera una niña chiquita. La madre me respondió que, en efecto, todo eso hacía por su hija.

Yo le contesté entonces, con ese tono de voz y lenguaje corporal que inevitable y espontáneamente me surge cuando me indigno: "¡basta!... ¡basta ya! Ya le has pedido perdón y has tenido la humildad de reconocer tus errores. Ella ahora es un adulto y es responsable de buscar ayuda profesional para sanar los efectos de tu supuesta 'mala' actuación como madre. ¡Basta ya de que ella se esté haciendo la víctima y reclamándote para hacerte sentir culpable y obtener todo eso que obtiene de ti; todo lo que haces por ella para compensar tu culpa! Y en todo caso: ¿qué está haciendo una mujer de 32 años viviendo todavía en tu casa como si fuera una niñita?"

En cuanto terminé de hablar, los mil cuatrocientos padres de familia que estaban presentes aplaudieron estrepitosamente y lanzaron toda clase de expresiones de júbilo. Al parecer, el saco les había quedado a todos.

Terminé la conferencia afirmando que me siento satisfecha y en paz con mi función como madre, porque he puesto en ello mi cien por ciento; y lo que no hice mejor o no hice en absoluto es simplemente porque no pude... ¡porque hasta ahí me dio mi capacidad! Me llamó la atención que al terminar la conferencia, muchos padres y madres se me acercaron para darme las gracias por haberlos "liberado" de su culpa; y durante los días posteriores recibí numerosos correos electrónicos de quienes estuvieron presentes en la conferencia, haciéndome el mismo tipo de comentario.

Debido a que consideré que este caso —que esa madre me ofreció—, me sería de gran utilidad para los fines de este libro, cuando ella se acercó a mí al final de la conferencia le comenté que lo estaba escribiendo, y además le pedí su permiso para hacerle algunas preguntas sobre la relación con su hija, que, le expliqué, me ayudarían a confirmar mis hipótesis sobre la parte más profunda de esto. Ella aceptó con mucho entusiasmo y cariño.

Analicemos, pues, este caso con mayor profundidad, porque hay mucho más que aprender y descubrir en él.

Para que haya baile se necesitan dos. Para que se dé una dinámica en una relación como la mencionada, es porque las dos partes, en este caso la madre y la hija, tienen "ganancias secundarias" derivadas de esa dinámica; es decir, ambas obtienen algo que necesitan y les conviene. La hija, dinero y comodidades, y la madre, compañía. Si la madre realmente se saliera de ese juego patológico de culpa/manipulación, generaría la dignidad y las agallas necesarias, para poder decirle a su hija: "es tiempo de que vueles con tus propias alas". Pero eso no es lo que la madre quiere, porque la necesita para que le haga compañía y le llene los espacios vacíos de su vida carente de propósito y sentido. Entonces la hija "le cobra" el estar ahí, el tener que truncar su propio proceso de desarrollo y cortar sus alas, para quedarse a acompañarla. Y odio decirlo, pero, a menos que una de las dos tome conciencia de esto y se involucre en un proceso —cualquiera que sea de crecimiento personal y curación—, seguirán atrapadas en ese juego patológico, pero conveniente y cómodo para ambas, tal vez por el resto de su vida... con toda la infelicidad y el dolor que esta situación les pueda acarrear.

Independientemente de que el mantener a los hijos adultos en una situación de niños dependientes tenga en algunos casos el propósito de que se queden en casa para hacerles compañía a sus padres, también puede ser otra de las manifestaciones de la culpa de los padres, que los sobreprotegen para compensarla. Y ahí los tienen... treintones, cuarentones y hasta cincuentones manteniéndolos, dándoles todo en charola de plata, impidiéndoles convertirse en adultos para que se rasquen con sus propias uñas.

Los padres del reino animal saben exactamente cuándo es momento de que sus hijos se vayan de la guarida o del nido. Saben que quedarse más tiempo será malo para ellos. Y si no se van por voluntad propia, sus padres los corren: los atacan, los empujan, les gruñen, como diciendo: "ya te enseñé a cazar, a volar, a vivir; es tiempo de que te vayas y sigas por tu cuenta". Los padres del reino vegetal saben exactamente cuándo botar de la rama a sus hijos, los frutos, porque si los dejan más tiempo, se echan a perder, se pudren. Muchos padres, humanos, en cambio, retienen a sus hijos, dependientes y mantenidos, porque quieren hacerles la vida fácil... pobrecitos... ¡no se vayan a cansar!...

Esta situación genera dramáticas consecuencias en su vida, como veremos más adelante.

SER PARTE DE UNA "GENERACIÓN DE TRANSICIÓN" [1]

El concepto "generación" fue desarrollado por el filósofo español José Ortega y Gasset en 1930. A él se le reconoce ser el creador de la primera teoría sobre las generaciones. Ortega lo define así: "una generación no es un puñado de hombres ilustres, ni simplemente una masa: es como un nuevo cuerpo social, que ha sido lanzado sobre el ámbito de la existencia con una trayectoria vital determinada. La generación es el concepto más importante de la

---

[1]Para revisar otros aspectos relacionados con la "generación de transición", recomiendo leer el capítulo 2 de mi libro *En honor a la verdad*.

historia y, por decirlo así, el gozne sobre el que ésta ejecuta sus movimientos".[2]

A las personas nacidas entre 1952 y 1976 —aunque pueden considerarse como dos generaciones— las englobo en lo que llamo una "generación de transición", debido a que, de alguna manera, estamos en medio de las generaciones anteriores, en las que los cambios de todo tipo se daban de una forma muy lenta, casi imperceptible, y las generaciones futuras, a las que les tocará vivir en todo su esplendor las consecuencias desastrosas o benéficas de lo que los seres humanos hemos creado hasta hoy. Somos la generación que ha sido y sigue siendo testigo de impresionantes cambios en todas las áreas de la vida humana. Algunos para bien y otros para mal, pero tan gigantescos que a veces hasta resulta difícil adaptarse a ellos.

En generaciones anteriores había modelos a seguir, bien establecidos y claros. Pero en muchas formas, esos modelos que para las generaciones anteriores funcionaban a la perfección no son funcionales para la vida actual. Por esta razón nosotros, los adultos de hoy, estamos abriendo nuevos caminos por territorios nunca antes transitados, a veces errando y a veces acertando, llenos del entusiasmo que da el ser pioneros, pero también de la confusión y las dudas que surgen del transitar por territorios desconocidos.

La evolución es inevitable y cada generación presenta nuevos retos. Los niños y jóvenes de ahora sin duda alguna cuentan con recursos que sus padres no tienen. Así fue también cuando nosotros éramos niños y jóvenes. No obstante, es un hecho incuestionable que en esta generación y en todos los aspectos las cosas han cambiado... ¡y mucho! Parece ser —como ya mencioné— que en generaciones anteriores los cambios entre una y otra no se daban de manera tan rápida, radical y gigantesca como sucede en la actualidad.

---

[2]José Ortega y Gasset, *El tema de nuestro tiempo*, 1934, p. 7.

Hace poco platicaba con un grupo de personas acerca de este tema. Alguien comentaba cómo antiguamente los avances tecnológicos se daban de una manera muy lenta, y puntuaba una interesante lista de los tremendos adelantos que se han dado simplemente en los últimos 50 años; decía: "si nuestros bisabuelos y abuelos hubieran visto el fax, el internet, los teléfonos celulares, los vuelos espaciales, etc., no lo hubieran podido creer". Y yo pienso que tampoco hubieran podido creer la inteligencia creativa y aguda de los niños y jóvenes de la actualidad, su ingenio para entender esa tecnología con la que casi todos los adultos batallamos, su tremenda y a veces apabullante pasión por la vida y su fuerza transformadora. Es un hecho que a nuestros bisabuelos y abuelos no les tocó lidiar con hijos así... a nosotros sí.

En cuanto al tema de la crianza de los hijos, los padres de generaciones anteriores ejercían una completa autoridad sobre los suyos. He escuchado a muchos adultos decir cosas como: "cuando yo era niño, mi padre nos controlaba con la sola mirada"; "si yo le hubiera respondido a mis padres como mis hijos nos responden a nosotros, me hubiera quedado sin dientes a la primera"; "cuando mis padres decían NO, había que obedecer sin cuestionar"... y una larga lista de situaciones como éstas.

En la actualidad, con la idea de no ser tan autoritarios como lo fueron nuestros padres y abuelos y debido a todo lo que sabemos sobre psicología infantil y adolescente, sobre la educación de los hijos, los derechos de los menores, los efectos negativos de la represión y el control excesivo, entre otras cosas, los padres nos hemos ido hacia el otro extremo: "no le digas NO porque lo reprimes; no le pongas límites porque le destrozas su autoestima; no le digas eso porque lo traumas; déjalo hacer todo lo que quiera para que no trunques su desarrollo", y otra cantidad de creencias como éstas que no sé quién las inventó, pero que no tienen nada que ver con la realidad.

El hecho es que nos hemos creído todos esos mitos como si fueran verdad, lo cual ha contribuido a que nos vayamos al extremo opuesto con respecto a las generaciones anteriores: éstas ejercían la autoridad absoluta... nosotros no ejercemos autoridad alguna.

El reconocido sociólogo y escritor William H. Whyte Jr. expresa: "en nuestra actual atmósfera permisiva, la idea de que el individuo debería ser responsabilizado por la manera en que se comporta es, por supuesto, algo pasada de moda... Un artículo en la revista *American Magazine,* de forma humorística pero aprobatoria, aconseja: 'si tu hijo te saca la lengua y te llama anticuada y repulsiva bomba fétida', sólo ignora el insulto y regocíjate en secreto de que tienes un hijo normal. Él simplemente está canalizando sus sentimientos agresivos de manera inofensiva, a través de la proyección verbal".[3]

Ésta es una preocupante manifestación de esa confusión y de una peligrosa crisis de autoridad.

Pero, ¿es sana la autoridad? ¿Cómo y hasta dónde hay que ejercerla? ¿Hay que establecer una disciplina en nuestro hogar? ¿Para qué sirve en la vida? En el siguiente capítulo trataré ampliamente estos temas, porque comprenderlos y actuar en función de ellos será la salvación no sólo de nuestros amados hijos, sino también de las generaciones por venir.

Por otra parte, muchos individuos están convencidos de que para ser buenos padres, hay que ser amigos de sus hijos. ¡Tus hijos ya tienen amigos! ¡De su edad! Tus hijos necesitan que sus padres sean sus padres, no sus amigos. Padres amigables, por supuesto, ¡pero padres! Esta creencia de que hay que ser amigos de los hijos es, en mi opinión, una de las situaciones que contribuyen a reforzar esta "crisis de autoridad" que nos aqueja.

Otro asunto que se deriva de esta confusión que los padres experimentamos actualmente es el relacionado con las tareas escolares. Los padres de generaciones anteriores por lo general de-

---

[3] *Quotationary,* Random House Webster (trad. Leonard Roy Frank), p. 518.

jaban esa responsabilidad en las manos de sus hijos, que es justo donde debe estar. Pero los de esta generación, por alguna razón, suponemos que es nuestra responsabilidad sentarnos cada día al lado de nuestros hijos a hacerla. Y yo me pregunto: ¿para quién es la tarea? ¿Para el niño o para mamá y papá?

Aun cuando en muchas instituciones escolares los directores y maestros aconsejan con insistencia a los padres que deben sentarse a hacer la tarea con sus hijos, mi opinión es que hacer esto es un error. No es sano que los padres tengan sobre sus espaldas esa responsabilidad que le corresponde al hijo, el cual llega a convencerse de que en realidad es de sus padres; y de esta manera es común que suceda que si la mamá sale de casa en la tarde, el hijo no empieza su tarea hasta que ella llega y lo sienta a su lado para comenzar a trabajar. Otros niños toman de plano una actitud totalmente pasiva y actúan como simples espectadores, mientras que la mamá busca en el libro, borra los números equivocados, dibuja el margen, hace el resumen, le dicta lo que debe escribir, etcétera.

Una agobiada madre que tiene que trabajar para mantener a sus dos hijos regresa a casa alrededor de las 7 de la noche. "¡Y todavía tengo que llegar a hacer tareas!", me expresó abrumada en una ocasión. "¿A hacer, o a revisar?", le pregunté. "¡A hacer!, mis hijos esperan hasta que yo llego para comenzar" "¿Y qué hacen durante toda la tarde mientras tú estás en el trabajo?", le cuestioné. "Pues juegan y ven televisión", me respondió resignada.

¿Quién nos convenció a los padres de que la tarea que la maestra deja cada día es para nosotros? ¿Dónde se nos perdió la delgada línea que divide el apoyar a nuestros hijos y el quitarles una responsabilidad que a ellos les corresponde, para asumirla como nuestra?

¡Cuidado con esta actitud! Porque el mensaje que con ella le damos a nuestros hijos no les ayuda para la vida, no les conduce a desarrollar su capacidad de tomar sus propios compromisos y responder a ellos; por el contrario, les enseña a desentenderse de ellos y esperar a que otros los asuman y los resuelvan, tal como los padres lo hacen con su tarea. Todos sabemos lo que una actitud como ésta puede estorbar y afectar en todas las áreas de la vida.

Nuestra función como padres en este asunto de la tarea es tan simple como esto: estar ahí por si realmente necesitan nuestra ayuda, sugerirles dónde investigar, revisar lo que sea necesario y dejar el resto en sus manos. Tú no estarás a su lado toda la vida para hacer las cosas por tus hijos, por eso es tan importante que les ayudes a desarrollar su capacidad para asumir sus propios compromisos o problemas y responder a ellos. Ésa es, sin duda alguna, una de las más valiosas herencias que un padre puede dejar a sus hijos.

Otra faceta de esta "generación de transición" de la que quiero hablar es la gran confusión y conflicto interno que las mujeres actualmente experimentamos. Las de generaciones anteriores, nuestras madres y abuelas —quienes han sido nuestros modelos femeninos—, no hacían las cosas que las madres de ahora hacemos, como estudiar, trabajar o salir con amigas. Llevar a cabo estas actividades fuera de casa a la mayoría de las madres les genera un gran conflicto interno entre el "debo" y el "quiero". Se preguntan en secreto, con una voz bajita y titubeante que surge desde lo más profundo de su ser: "¿estará bien que haga esto o será puro egoísmo? ¿Les va a afectar a mis hijos? ¿Tengo derecho a realizar mis sueños?" Sí, ¡claro que tienes derecho! Pero es muy importante saber cuándo y cómo, porque a veces nos perdemos entre concedernos el derecho y confundir las prioridades de la vida.

Hace poco platicaba con una joven madre primeriza; me contó que cuando su bebé cumpliera un mes, lo llevaría a la guardería y ella regresaría a trabajar, porque su carrera es importantísima. Tal vez mi silencio le dijo más que las palabras que me hubiera gustado pronunciar, porque de inmediato comenzó a darme toda clase de razones para fundamentar su decisión.

Me dijo: "¡eso será muy bueno para que aprenda a socializar!" Y ante mi silencio, que se hizo aún más solemne, siguió fundamentando el asunto con otros comentarios tan absurdos como el primero; parecía empeñada en convencerme y obtener mi aprobación. Creo que mi silencio se le hizo insoportable, hasta que de plano me dijo: "Martha, ¡dame tu opinión por favor!" Me dio gusto que me la pidiera, porque pude expresarle lo siguiente:

"Uno, cinco o veinticuatro meses de edad ¡no es el momento de socializar! Es el momento para estar con mamá y establecer la 'confianza básica', que es la tarea que corresponde a esa etapa de la vida. Se traduce en confianza en sí mismo, en la vida, en otros, y crea lazos saludables que hacen al niño sentirse amado, protegido y seguro, todo lo cual lo beneficiará para el resto de su vida."

Me duele cuando escucho a las madres jóvenes que han decidido dejar a su bebé para irse a trabajar. Algunas madres TIENEN que hacerlo, porque el irresponsable padre de sus hijos les ha dejado toda la carga de su manutención; y si ellas no trabajan, sus hijos simplemente no comen. Ante esas madres, que no tienen otra alternativa más que dejar a sus niños para irse a trabajar, me quito el sombrero. Aquí me estoy refiriendo a las mamás "modernas", que no entienden las prioridades de la vida, que no conocen el significado de la palabra "postergar", que suponen que su empleo o su carrera es más importante que cuidar a sus bebés. Y yo me pregunto: ¿para qué tienen bebés si no quieren cuidarlos?

Por fortuna no todas las madres jóvenes toman esta clase de decisiones, pero sí muchas de ellas. Yo he llegado a pensar que quizá esta "desconexión" con su rol maternal sea uno de los factores que influya en el hecho de que en la actualidad muchas madres tengan que someterse a una cesárea para tener a sus bebés. Dicho de otra forma: dar a luz es un acto natural y espontáneo que el cuerpo femenino, movido por el instinto materno, sabe hacer muy bien, a menos que la mujer no esté en armonía con su parte maternal.

Mis queridas y hermosas madres jóvenes: ¡quédense al lado de sus bebés en lugar de irse a trabajar! ¡Concédanles la insustituible dicha de pasar los primeros años de su vida con ustedes, que son irremplazables! Escríbanle una carta a su "parte profesionista", explicándole que tendrá que esperar a que sea su momento para desarrollarse, porque lo más importante en el presente es su bebé. Comprendan el significado de la mágica palabra *postergar*, que cuando se aplica a las realidades de la existencia, genera la paz y aceptación que da el entender que ¡HAY UN TIEMPO PARA CADA PROPÓSITO EN LA VIDA!

Y a las miles de madres que TIENEN que trabajar para mantener a sus hijos, con el profundo respeto que les tengo, quiero sugerirles algo: escríbanle una carta a sus hijos o díganles directamente que se van a trabajar porque necesitan hacerlo, no porque no desean estar con ellos; que ellos son lo más importante para ustedes, que los valoran y aman más que a nada en el mundo. No importa la edad que sus niños tengan, aun si son bebés, recibirán este mensaje que les beneficiará más allá de lo imaginable. Y durante su jornada de trabajo, cada vez que sea posible, visualícense a sí mismas abrazando y besando a sus hijos, confiando en que ellos reciben este amoroso y sanador abrazo que fortalece los lazos emocionales entre ustedes... ¡y mucho más!

AMNESIA

Haber olvidado lo que somos es la tragedia más grande que nos ha sucedido a los seres humanos. La amnesia existencial que padecemos, en el tema de la paternidad, se manifiesta con el olvido de esta gran verdad: los padres podemos mucho más de lo que suponemos y sabemos mucho más de lo que creemos... Pero lo hemos olvidado. No recordamos que dentro de nosotros hay un mago/maga, un sabio/sabia, un soberano/soberana y un corazón lleno de amor, que juntos nos dan la capacidad de saber cómo, y no sólo eso, sino también de ser capaces de llevarlo a cabo.

Es impresionante la falta de confianza en nuestro propio criterio, sabiduría y capacidad, que nos lleva a andar siempre buscando las respuestas afuera, que alguien nos diga cómo, que los demás nos den su opinión sobre qué hacer con nuestro hijo. ¿Y quién podría saber mejor que tú, que lo concebiste, lo llevaste en tus entrañas y has vivido con él por x cantidad de años? ¿Por qué supones que otros saben más y mejor que tú lo que es conveniente decir o hacer con tus hijos?

Bajo el influjo de esta lamentable amnesia existencial, nos sentimos perdidos, solos y sumamente temerosos, día a día, en la realización de nuestro quehacer como padres. Pero es posible reactivar esa memoria perdida, despertar a esos personajes dormidos para que comiencen a trabajar por nosotros y nos hagan más fácil la vida. ¿Cómo?: quedándonos quietos para sentir los latidos de nuestro corazón, respirar profundo, hacer silencios, meditar o simplemente convocar su ayuda. Estos personajes son parte de ti mismo, facetas de tu propia naturaleza superior, y siempre responden.

Entonces, cuando el sabio despierta, ¡sabemos cómo!, cuando el soberano despierta, ¡tenemos el poder y la autoridad para hacer que suceda! Cuando el mago despierta, ¡activamos las leyes de la vida que hacen que todo fluya fácil y armoniosamente! y cuando el corazón despierta, ¡el amor es la fuerza que inspira e integra a todos los demás! ¡Qué perfecta combinación! Esto es en serio, cuando despertamos e integramos a todos nuestros personajes/recursos dormidos, comienzan a trabajar para nosotros como un equipo; no tenemos que hacer nada, sólo hay que dejarlos actuar. Ellos saben muy bien cuándo es el momento para que intervenga el soberano o el sabio, el mago o el corazón y de qué manera debe intervenir.

Si lo deseas y para facilitar el proceso de despertarlos y activarlos, haz contacto con cada uno, visualizándolo, dándole una forma, conociéndolo, hablándole y hasta poniéndole un nombre. Te sorprenderá el darte cuenta de que, en efecto, esas partes de ti existen y trabajan para ayudarte.

También tenemos amnesia con respecto a la infinidad de fuerzas, leyes, seres mágicos o seres espirituales —como tú quieras llamarles— que nos asisten constantemente en la vida, que nos protegen y nos guían tanto a nosotros como a nuestros hijos. ¡Hay tantos recursos invisibles a nuestro servicio!… Pero lo hemos olvidado…

2

¿Disciplina? ¡¿Para qué?!

Algunas personas consideran la disciplina como algo pasado de moda. Como una monserga que se aplicaba en la Antigüedad, con el único fin de hacerles la vida incómoda a quienes eran víctimas de ella. La verdad es que la pobre disciplina ha sido distorsionada, devaluada, desacreditada, malinterpretada y difamada a lo largo de los años, a tal punto que la sola palabreja nos desagrada. Pero yo quiero reivindicarla, mostrar su belleza y su poder y así motivar a los padres a comprenderla e invitarla a vivir en su hogar… si así lo deciden.

"La disciplina es una misteriosa cara del amor." Pido perdón al autor de esta sabia y hermosa afirmación, porque no recuerdo su nombre. La leí hace años y me fascinó. ¡Qué perfecta manera de expresar esa gran verdad! En efecto, la disciplina tiene todo que ver con el amor, aunque a veces no lo parezca. No parece amor dejar llorar a un niño porque le dijimos NO a algo, o a un adolescente 'sufrir' porque no le damos un permiso o porque tiene que esperar un mes para que le podamos comprar lo que nos pide. No parece amor, ¡pero lo es!

Empecemos por entender qué es en verdad esta valiosa e incomprendida amiga de los seres humanos que llamamos disciplina, y que más tarde —así lo espero— de esa comprensión pueda surgir la convicción de que es necesaria y que hará la vida de nuestros hijos más fácil, exitosa, productiva, sana y feliz.

Me encanta la manera en que la Enciclopedia de la Vida, de

Bruguera Mexicana de Ediciones, define a la disciplina: "la disciplina es la capacidad de actuar ordenada y perseverantemente para conseguir un bien. Exige unos lineamientos para poder lograr los objetivos deseados, soportando las molestias que esto ocasiona. Para adquirir este valor se necesita la *capacidad de pedirnos a nosotros mismos* [...]".

En efecto, y sin lugar a dudas, para lograr cualquier cosa en la vida tenemos que ser capaces de aguantar, postergar, esperar, esforzarnos, aceptar, luchar, buscar, perseverar, tomar y dejar ir. Es por eso que sin disciplina es imposible realizar sueños.

Así pues, la disciplina va mucho más allá del hecho simple de establecer normas y seguirlas; es en su sentido más profundo un ánimo interior, una actitud ante la vida, con base en la cual somos capaces de establecer y cumplir compromisos no sólo con otros, sino también con nosotros mismos y con la vida. En este espacio yo hablaré del "para qué" de la disciplina, y en el capítulo 5, en la sección "Cómo dejar de sobreproteger a un hijo", presentaré algunas recomendaciones concretas acerca del "cómo", aunque sólo de manera condensada y breve, debido a que éste no es el tema cardinal del presente libro.

Para tener una amplísima y completa información, así como una guía acerca de los "cómos" respecto a establecer reglas, negociar y solucionar conflictos con tus hijos, te recomiendo que leas algunos de los maravillosos libros que ya existen sobre el tema y que dedican cada una de sus páginas a presentar esos útiles y efectivos "cómos". Entre esos buenos libros se encuentra el *P. E. T.*,[1] que sigue siendo mi favorito y recomiendo ampliamente. Ojalá todos los padres lo puedan leer.

Así pues, si comprendemos el "para qué" de la disciplina en la vida, podemos darle la importancia que merece. ¡Y urge que se la demos!

---

[1] Thomas Gordon, *P. E. T. Padres eficaz y técnicamente preparados*, Diana, 2000.

LA DISCIPLINA DESARROLLA LA "TOLERANCIA A LA FRUSTRACIÓN"

Frustración es el sentimiento de impotencia, desilusión, decepción, tristeza e ira, que se origina cuando queremos y no podemos; cuando lo queremos *YA* y tenemos que esperar; cuando queremos que la realidad sea verde y sabor chocolate, pero es roja y sabor vainilla. La "tolerancia a la frustración" es la fuerza de carácter, la fortaleza interior que nos permite soportar y sobrevivir a las tormentas de la vida, lograr metas, superar obstáculos, realizar sueños, ser productivos, independientes y capaces de resolver problemas. Una persona que no la tiene es dependiente, débil de carácter y no puede hacerse responsable ni de su propia vida. Quien no tiene tolerancia a la frustración sufre más, porque cuando la vida no es como la desea o no suceden las cosas como las espera, no puede soportarlo. ¡Y vaya que con mucha frecuencia las cosas no suceden como queremos!

Una madre me contó que su hija de 13 años azota puertas, avienta objetos, llora a gritos y la "castiga" a ella encerrándose en su cuarto sin comer, cada vez que cocina algo que no le gusta. La madre, preocupada porque su princesa no coma, va a tocarle la puerta y a rogarle que salga para cocinarle lo que sí le gusta. Yo le cuestioné: ¿qué va a ser de tu hija cuando le suceda algo de veras difícil en la vida, si no es siquiera capaz de soportar que haya algo de comer que no le gusta, porque casi se muere de sufrimiento? Le dije que su hija está en todo su derecho a que no le guste la comida, pero que en lugar de responder a su berrinche de la manera como lo hace, sería bueno decirle: "estás en todo tu derecho a que no te guste lo que cociné y a no comértelo; prepárate algo que sí te guste". Y si un hijo en esta situación sigue con su berrinche y amenaza con no comer, no debemos entrar a su juego; ya le dará hambre y comerá; ningún hijo es tan tonto como para morir de hambre por puro gusto.

Hace un par de años presencié una escena que me impresio-

nó: un niño de unos 7 años estaba con su papá en el súper mer-
cado. El niño estaba haciendo tremendo berrinche porque quería
un juguete; su padre le decía con un tono de voz tan incongruente
y débil que nadie se lo creería: "ya te dije que no te voy a comprar
ningún juguete hoy". El niño respondió: "si no me lo compras no
respiro" y acto seguido tomó una gran bocanada de aire y se tapó
nariz y boca. Aunque parezca increíble, ¡el padre cayó en la trampa!, asustado, rápidamente tomó el juguete y se lo dio, al mismo
tiempo que le suplicaba a gritos: "¡respira, respira!" y luchaba
por quitarle la mano de la nariz. Yo me quedé impactada por la
debilidad e ingenuidad (por no decir estupidez) de ese padre, que
se deja manipular de esa manera, que no sabe que ningún niño es
tan tonto como para morirse asfixiado por puro gusto.

Otro caso: una mamá llegó a terapia por un tema relacionado con su hija de 9 años. "¡Tiene 186 borradores y 67 bolsitas
Martha! ¡Cada vez que vamos a alguna tienda ha de salir con al
menos uno de cada uno!", se quejó ante mí como si la niña fuera
la culpable de eso. "¿Y por qué se los compras?", le cuestioné;
"pues… sí…" me respondió con un leve tono de voz, como sor-
prendida de darse cuenta de eso.

La razón por la que decidió ir a terapia era porque la niña ya
estaba presentando comportamientos que la tenían muy preocupada: cuando la mamá se negaba a comprarle un borrador o una
bolsita, ella los tomaba de todas maneras, y se salía corriendo de
la tienda con ellos. La mamá terminaba pagándolos, sintiéndose
sumamente avergonzada por la conducta de su hija, quien simplemente no podía soportar el NO.

Decidimos generar un plan de acción para manejar esto, que
entre otras cosas consistiría en que ella le explicaría a su hija,
firme y claramente, que ya no le compraría más borradores ni
bolsitas porque ya tenía más que suficientes para usar. Le explicó también muy claro que si los tomaba y se salía corriendo de
la tienda, como lo había estado haciendo últimamente, por supuesto que ella los pagaría porque de ninguna manera permitiría

que se los robara, pero le descontaría ese dinero de su domingo. Acordamos que lo probaría por unas dos semanas, y si aun así la niña continuaba con esa conducta, generaríamos unas consecuencias más fuertes.

A las dos semanas, la mamá llegó a su cita. Me dijo que la estrategia estaba funcionando. Aunque la niña se ponía furiosa —lo cual era de esperarse—cada vez que iban a una tienda y no le compraba borradores ni bolsitas, ya no los tomaba y se salía corriendo. Pero lo que me impactó en grado superlativo fue que de pronto la mamá puso cara de compungida y me dijo: "ay, Martha, ¡siento tan feo verle su 'carita de tristeza' cuando llegamos a la casa sin sus borradores y bolsitas!" Cuando escuché esto me dieron ganas de darle unas nalgadas a la mamá, pero en lugar de ello le dije: "es mejor que le veas ahora esa 'carita de tristeza' porque no le compraste un borrador o una bolsita, que la 'carotototota de sufrimiento' que le verás cuando tenga que enfrentarse a cosas realmente difíciles en la vida y a las consecuencias que inevitablemente le traerá la conducta que está desarrollando. Si tu hija no puede soportar el NO a un borrador o a una bolsita, ¿cómo va a poder soportar otras cosas?"

De veras que a veces los padres estamos ¡tremendos! Parecemos casos perdidos en el tema de manejo de autoridad y disciplina. No tenemos ni la más remota idea del para qué y el por qué ¡y hacemos cada cosa!

Insisto una vez más: esos hijos que no soportan un NO, un "tienes que esperar", una realidad diferente de la que deseaban, es porque no tienen tolerancia a la frustración y esto les afectará más allá de lo que imaginamos, en todas las áreas de su vida. El hijo siempre está en su derecho a enojarse o frustrarse cuando no obtiene lo que quiere y sus sentimientos son muy respetables, pero eso no debe ser motivo para dejarnos manipular por esos sentimientos y las reacciones que generan. Podríamos decirle: "hijo, estás en tu derecho a enojarte porque tienes que hacer esto, te entiendo, pero de todas maneras lo vas a hacer", "estoy consciente de que esto te molesta, pero mi respuesta sigue siendo NO".

Cuando satisfacemos las necesidades de nuestros hijos aun antes de que las tengan, cuando no les podemos poner límites y decir que NO, si es necesario, cuando les allanamos el camino para que no se incomoden, cuando les damos todo lo que exigen y en el momento en que lo demandan, ellos no desarrollarán la "tolerancia a la frustración", que es muy importante en la vida. No tiene nada de malo que tu hijo llore o se enoje porque le dijiste NO; ese "sufrimiento" no le hace daño; no tiene nada de malo que "sufra" porque las cosas se pusieron difíciles o incómodas; ¡no pasa nada! No los conviertas en seres débiles, con almas y corazones de cristal, que no aguantan ni una corriente de aire porque a la primera se quiebran.

Recientemente platicaba con una pareja, cuyo hijo de 20 años está estudiando en una universidad fuera de la localidad donde ellos viven. La mamá me contó que a veces llora al abrir el refrigerador de su casa y verlo lleno de comida, porque piensa que tal vez el del departamento de su hijo, que comparte con otros tres compañeros, está semivacío. Me comentó que en alguna ocasión no pudo comer de sólo saber que el día anterior su hijo y sus amigos habían desayunado, comido y cenado solamente pan tostado, porque no tenían nada más en el refrigerador. Mientras la escuchaba, su marido también hacía pucheros y se le llenaban los ojos de lágrimas.

"¡Por Dios, señores!", les dije con toda la intención de llevarlos a ver esa "tragedia" desde otra perspectiva. "¡Para los muchachos eso es una aventura! ¡Por años la van a contar a sus amigos y hasta a sus nietos!, ¡no pasa nada!" Y rescatando un dato de lo que me habían platicado, agregué: "además, son las consecuencias de una decisión que ellos tomaron, porque seguramente se gastaron el dinero que sus padres les dan cada mes, destinado para la comida, en irse de fiesta"… Así es la vida… decisiones y consecuencias, causas y efectos… ¡y está bien!

LA DISCIPLINA AYUDA A LOGRAR METAS
Y A REALIZAR SUEÑOS

"La disciplina es la parte más importante del éxito", afirma Truman Capote. En efecto, para lograr metas y realizar sueños es indispensable la disciplina, porque, como ya establecimos con anterioridad, ésta conlleva la capacidad de soportar molestias y de pedirnos a nosotros mismos condiciones indispensables para obtener logros de todo tipo en la vida.

No existe un sueño realizado ni una meta lograda en los que el dueño de los mismos no haya tenido que esperar, perseverar, caer y levantarse, equivocarse una o mil veces, fracasar otras tantas, intentar y no poder y, aun así, seguir adelante hasta llegar a la meta y ver el sueño realizado. Eso sólo se puede lograr con disciplina y con la fortaleza que nos da la tolerancia a la frustración, que ella nos ayuda a desarrollar.

En lo personal, siento un profundo respeto por todas las personas, famosas o no, de nuestros tiempos o de épocas pasadas, que realizan un sueño, porque sé por lo que han tenido que pasar y el material del que están hechos para haber podido lograrlo.

En toda realización de un sueño o cumplimiento de una meta hay una parte que es ¡fascinante! y otra que es fastidiosa o incómoda, pero tenemos que lidiar con ella también y eso definitivamente exige tolerancia a la frustración y disciplina... ¡mucho de ambas!

A mí, por ejemplo, me encanta y me apasiona escribir libros, pero no me gusta lidiar con contratos y asuntos administrativos con mi casa editorial. Para lo primero no necesito ninguna clase de motivación o esfuerzo, la motivación la tengo en las entrañas e inunda todo mi ser; escribir me apasiona, y mientras lo hago me encuentro inmersa en estados maravillosos de éxtasis y gozo. Lo mismo me sucede cuando imparto cursos o conferencias. Pero la otra parte: papeles, números, contratos, empacar, desempacar, pasar horas en aviones y aeropuertos, me desagrada.

Yo sería la persona más feliz si pudiera teletransportarme a los lugares a donde voy a impartir una conferencia. Sería la más feliz si viviera en un mundo donde todos pudiéramos actuar con honestidad, todos tuviéramos palabra y, por tanto, no tendríamos la necesidad de firmar contratos ni hacer todo el papeleo que en la vida hacemos, sólo porque no confiamos los unos en los otros. Y no confiamos porque, lamentablemente, hay mucha deshonestidad en este mundo.

¡Yo lo único que quiero es escribir y dar conferencias y cursos! ¡No quiero lidiar con asuntos administrativos de ningún tipo! Pero... resulta que vivo en esta realidad y me queda clarísimo que no puede existir una parte sin la otra; si quiero impartir conferencias y escribir libros que sean publicados, necesito lidiar con la parte que no me gusta. Entonces, la asumo, la abrazo, la acepto y hago lo mejor que puedo para que, en lugar de sufrirla, simplemente la tome como parte de la vida y a veces hasta la pueda disfrutar. La disciplina y la tolerancia a la frustración sirven para lograr esto.

Tengo un querido amigo que es diseñador y fabricante de muebles muy finos. Su trabajo es reconocido y buscado por importantes diseñadores tanto mexicanos como extranjeros. En una ocasión que yo comentaba este asunto de la parte agradable y desagradable en todo sueño logrado, él me dijo que siente exactamente lo mismo que yo: "me fascina imaginar, diseñar, crear, construir los muebles; pero también tengo que lidiar con los proveedores de mis materiales que no me cumplen, con obreros que con frecuencia no hacen bien su trabajo, con la informalidad de muchas personas en el proceso de venta, entre otras cosas, ¡yo sólo quiero diseñar y crear mis muebles! Pero si quiero todo lo demás que esto me da, tengo que lidiar con la parte que no me gusta".

Hay otra faceta de esta realidad que es todavía más difícil y requiere una verdadera fortaleza interior: para realizar sueños, por lo general se tienen que tocar muchas puertas hasta que por fin una se abre, se tiene que pasar por estrecheces económicas, intentos fallidos, esfuerzos que parecen no dar resultado, sobreponerse a la desaprobación de quienes no creen en uno, esperar más tiempo del que quisiéramos, invertir dinero que a veces se pierde o tarda mucho en regresar, trabajar duro en la siembra sin ver la cosecha y ser capaces de sobreponerse a todas esas cosas y seguir adelante.

Por esta razón, cuando no se tiene disciplina en la vida y por lo tanto no se ha desarrollado la tolerancia a la frustración, generalmente se dejan los proyectos y planes a medias, ya que cuando viene la parte incómoda y difícil, la persona mejor se da la media vuelta y elude el proyecto, dando como resultado retos no superados, riesgos no corridos y, a fin de cuentas, sueños no realizados.

Yo estoy cada día más convencida de que para ser feliz, realizar nuestros sueños y crear la vida que queremos tener, hay una condición prioritaria, sin la cual no es posible lograrlo: la valentía.

No se trata de tener mucho dinero o grandes y espectaculares posesiones o habilidades, sino de ser valiente para correr los riesgos necesarios, para confiar en la bondad de la vida, para seguir caminando aun llenos de miedo, para vencer nuestras creencias limitantes y para hacer frente a los retos y obstáculos que invariablemente aparecen en el proceso de crear la vida que uno desea tener. Ser valiente también para emprender la acción, la cual es indispensable para que las cosas sucedan. Yo me paso la vida diciéndole a una querida amiga que siempre está suspirando por lo que quisiera tener y no tiene, lo que quisiera hacer y no hace: "¡acción mi reina!… la acción es la que hace que las cosas sucedan. Haz esa llamada ¡Ya! Ahora mismo toma el teléfono y hazla. Pon el letrero de "Se vende" en tu departamento ¡ya! Organiza tu currículum ¡ya!… ¡Acción, mi reina!… ¡acción!"

Hace alrededor de dos años, en un hermoso, tibio y soleado día de diciembre, caminaba por el malecón de Puerto Vallarta, México, con una amiga y un amigo canadienses, quienes cada año durante el invierno hacen un paréntesis en su práctica profesional y se van a pasar cuatro meses a ese hermoso puerto. Los tres estábamos fascinados disfrutando de la hermosa vista, la temperatura perfecta y la maravillosa conversación que estábamos llevando, así como del gran cariño que nos tenemos y la alegría de estar juntos.

Uno de ellos dijo: "¿por qué somos tan afortunados de poder crear la vida que queremos tener y disfrutarla tanto?" Mi amiga respondió: "porque hemos trabajado muy duro". Yo les dije: "no creo que sea esa la razón, porque mucha gente trabaja muy duro, y no tiene la vida que desea". "Porque somos buenas personas", agregó mi amigo, a lo que yo respondí: "hay muchísimas personas buenas en el mundo y, aun así, no tienen la vida que desearían tener". Es cierto, dijeron ambos, y la pregunta inicial resonó de nuevo en el aire: "¿por qué somos tan afortunados de poder crear la vida que queremos tener y disfrutarla tanto?" "¡Porque somos valientes!", respondí yo casi a gritos con una total certeza. Y luego los tres, convencidos de ello y con todo el entusiasmo del mundo, comenzamos a filosofar al respecto compartiendo los "actos de valentía" que cada uno hemos realizado, para haber creado la clase de vida que tenemos, que es justamente la que queremos.

Pues bien, para desarrollar esa valentía y para ser capaces de generar acción, se necesita tolerancia a la frustración, que es consecuencia directa de la disciplina, que, como ya mencionamos, "[...] Exige unos lineamientos para poder lograr los objetivos deseados, soportando las molestias que esto ocasiona. Para adquirir este valor se necesita la capacidad de pedirnos a nosotros mismos". ¿Más claro? ¡Imposible!

LA DISCIPLINA PROPORCIONA SEGURIDAD Y CONFIANZA

La disciplina implica ciertos límites y lineamientos, que en otras palabras son compromisos con uno mismo y con otros. Esos límites, lineamientos, reglas, normas, acuerdos o como tú prefieras llamarles son necesarios en la vida. En el aspecto social, por ejemplo, imaginemos el caos que reinaría si no existieran reglas que nos ayudaran a vivir bien organizados en aspectos como el tráfico vehicular y el aéreo, los asuntos financieros, los temas relacionados con todo tipo de operaciones de compraventa, etc. Si vivimos en una sociedad, tenemos que observar esas reglas o nos irá muy mal. Qué miedo me daría estar en un avión en el cual el capitán no respetara las reglas y sólo porque ya le da la gana despegar o aterrizar lo hiciera, sin esperar la autorización de la torre de control. Tampoco me gustaría toparme en la calle con un conductor que ha decidido no respetar las normas de tránsito. Las reglas, pues, nos dan seguridad y confianza.

Dentro del seno familiar, la disciplina se expresa en la vida cotidiana a través de ciertos lineamientos o reglas que los padres han de establecer cuando los niños son pequeños y negociar cuando ya son adolescentes. Cuando un niño o adolescente no tiene ninguna clase de reglas en la vida, o cuando las mismas dependen de si el papá se tomó un par de cervezas, o tuvo un pesado día de trabajo, o anda de buen o mal humor, o de si la mamá está estresada, contenta o experimenta en ese momento el síndrome premenstrual, entonces el hijo se siente perdido y confundido. Un hijo con reglas inconsistentes, o sin ellas, es como un barquito en alta mar, sin un timón: se sentirá inseguro, desprotegido y extraviado. Un hijo con reglas bien claras y consistentes se sentirá, en cambio, seguro, protegido y confiado; sabe dónde está parado, sabe qué esperar, y eso le proporciona seguridad y confianza.

Tanto en la familia como en la sociedad en general existen reglas que son funcionales y muy útiles para la vida y que promueven el desarrollo de los integrantes. Pero, a su vez, existen otras que retienen el desarrollo y en realidad no son útiles para la vida, sino que son el resultado del estrecho código de ética o punto de vista de alguien o de un grupo de personas que las inventaron. Por paradójico que parezca, una persona que es capaz de reconocer y respetar reglas y observar una disciplina en la vida desde que es pequeño será capaz de discernir de manera sabia cuándo una regla debe ser obedecida y cuándo estorba a su desarrollo o su bienestar y, por lo tanto, no debe ser obedecida.

Hace algunos meses, un amigo que tiene un par de gatos (macho y hembra) me contó un incidente que me hizo pensar mucho en esta idea que he expresado en el párrafo anterior. Resulta que mi amigo limpió el arenero en donde los gatos hacen sus necesidades y por un tremendo descuido dejó la puerta del arenero pegada contra la pared, lo que hacía imposible el acceso para los gatos. Así se quedó dos días sin que mi amigo se percatara de ello. En un momento dado, la gatita comenzó a hacer toda clase de sonidos extraños, a estremecerse y a mostrar claros signos de dolor abdominal que le impedían caminar y siquiera moverse. Mi amigo fue a revisar el arenero para ver si había vomitado o algo así, y entonces fue cuando se dio cuenta de que el acceso estaba bloqueado y la pobre gatita no había hecho sus necesidades durante dos días. Corrió al veterinario justo a tiempo, porque, según el diagnóstico del doctor, la minina estaba a punto de presentar una peritonitis y su vejiga estaba peligrosamente inflamada. Afortunadamente todo resultó bien.

Debido a que el gato macho se encontraba en perfectas condiciones, al regresar a casa mi amigo comenzó a buscar por todos lados, seguro de que había hecho sus necesidades en algún rincón. En efecto, encontró claros signos de que eso había sucedido. Mi amigo me dijo: "qué buena es la gatita, ¡a pesar de todo no rompió las reglas y se aguantó durante dos días! ¡Se merece una medalla!" Yo le respondí: "para mí el que se la merece es el macho, porque rompió una regla que ponía en peligro su vida. La pobre gatita casi se muere por obedecer la regla".

Muchos padres, al igual que mi amigo, aplauden al hijo que obedece ciegamente, aun a costa de poner en riesgo su desarrollo y su vida interior.

Lo que sucedió con los gatos de mi amigo también pasa en la vida real, en el mundo de los humanos. Muchas personas son incapaces de distinguir entre las reglas funcionales y útiles y las disfuncionales e inútiles; y simplemente no observan ninguna o las observan todas, sin llevar a cabo ningún proceso de discernimiento, el cual es un signo de madurez y responsabilidad. Y como ya mencioné, paradójicamente, los que son capaces de obedecer reglas y observar una disciplina desde pequeños serán capaces de desobedecer las que deben ser desobedecidas. Aquellos que rechazan toda clase de reglas y disciplina no es porque sean libres, sino simplemente tienen una fijación en la edad de los dos y medio a tres años, que se traduce en un fuerte conflicto con la autoridad.

Más adelante, en la sección "Cómo dejar de sobreproteger a un hijo", hablaré de manera más concreta sobre la forma de establecer reglas en el hogar.

LA DISCIPLINA ES UN FACTOR QUE INCREMENTA LA AUTOESTIMA

La autoestima, al igual que la disciplina, es una palabra y un concepto malinterpretado, mal definido y distorsionado; por lo tanto, no nos interesamos en trabajar para adquirirla o reconstruirla cuando así es necesario.

¿Es la autoestima una virtud o es simple y puro egoísmo? ¿Es déspota y presumida la gente con una alta autoestima? ¿Comienzan a volverse agresivos y desconsiderados los que trabajan para mejorar su autoestima? Estas dudas asaltan a muchas personas y llegan a la conclusión de que autoestima es igual a arrogancia y egocentrismo y de que es mejor irnos con cuidado.

Recuerdo una ocasión hace años, cuando mis hijos cursaban la escuela primaria: durante una junta de padres de familia, una madre comenzó a hacer muchas preguntas a la maestra y a confrontar todas y cada una de las respuestas que ella le daba, de una manera en verdad hostil y agresiva. Esa mujer siguió hablando sobre toda clase de temas y con el mismo tono de superioridad y arrogancia. Al terminar la junta, varios padres nos quedamos platicando fuera del colegio y alguien tocó el tema de la señora agresiva. Una de las presentes comentó: "ella es así porque tiene su autoestima muy alta". ¡Nada más lejos de la verdad! Eso no es autoestima sino agresividad y amargura interior que se vierte sobre los demás cada vez que la ocasión lo permite.

Esas actitudes de superioridad, que no tienen nada que ver con la autoestima, en realidad manifiestan un gran complejo de inferioridad que lleva a la persona a comportarse de la manera mencionada, como un intento inconsciente de compensar su sentimiento de inferioridad. Una persona con alta autoestima es amorosa, comprensiva, capaz de reconocer sus errores y de valorar y respetar a los demás, tal como se valora y respeta a sí misma.

Esa mala interpretación de la autoestima es lo que conduce a mucha gente a desprestigiarla y mantenerla tan lejos de su vida como sea posible. De hecho, la escritora Jane Haddam expresó: "en mis tiempos no teníamos autoestima, sino autorespeto, y no más del que nos habíamos ganado". ¡Pero eso es justamente de lo que se trata la autoestima!, tal como Carl R. Rogers lo manifestó: "la autoestima es un silencioso respeto por uno mismo".

¿Cómo es que la disciplina es un factor que incrementa la autoestima? Con todo lo que ya comentamos sobre los beneficios de la disciplina, es fácil comprender el porqué: la disciplina nos ayuda a desarrollar nuestros recursos internos, a volvernos responsables, seguros, fuertes y maduros, que son condiciones necesarias para ser exitosos en todas las áreas de la vida. El poder realizar sueños, el sabernos fuertes y capaces para hacernos cargo de nuestra propia vida, el salir airosos de las etapas difíciles, el superar obstáculos, el saber que somos seres maduros y seguros incide sin duda alguna en el concepto que tenemos de nosotros mismos, el cual representa la materia prima que conforma la autoestima. Si quieres fortalecer la autoestima de tus hijos, la disciplina y todo lo que ella conlleva y desarrolla, será un recurso necesario que te ayudará a conseguirlo.

Un hijo sobreprotegido no tiene disciplina y, por lo tanto, se pierde de todos los regalos que ella proporciona. Deja los proyectos a medias, le resuelven y facilitan todo, no lo dejan correr riesgos ni enfrentar retos. Entonces, su concepto de sí mismo será pobre y desagradable. Ésa es la más destructiva de las herencias que podemos dejar a nuestros hijos.

"La peor desgracia que le puede suceder a un ser humano es pensar mal de sí mismo", afirmó Goethe.

LA DISCIPLINA EVITA CONFLICTOS ENTRE LOS MIEMBROS DE LA FAMILIA

Es necesario que en las diversas áreas de la vida, los padres establezcamos normas bien claras, de acuerdo con nuestra realidad, nuestras costumbres, creencias, convicciones y la edad en que se encuentran nuestros hijos, tales como: no se comen golosinas antes de los alimentos; cada uno se encarga de lavar los trastes un día por semana; en el curso de la semana, los niños se van a dormir a tal hora; no se enciende la televisión hasta haber terminado la tarea; la hora de llegar del "antro" es tal, etcétera.

Lo anterior será diferente y de acuerdo con la edad de los niños o adolescentes. Sin embargo, en ambos casos es muy importante que establezcas normas únicamente en las situaciones que consideras que son fuente de conflicto, es decir, esas por las cuales peleas con ellos. No se trata de que conviertas tu hogar en un colegio militar donde todo está reglamentado. "Véndeles la idea" diciéndoles algo así como: "ya no quiero que peleemos ni quiero gritarte; por eso desde hoy vamos a hacer las cosas de esta manera".

En el capítulo 5, tal como anuncié previamente, hablaremos acerca de cómo establecer normas para los niños y cómo negociar con los adolescentes, de una manera sana y muy efectiva.

Esas sencillas herramientas pueden evitar gritos y conflictos. ¿Quién no desea eso en su hogar?

LA DISCIPLINA NOS PREVIENE DE SENTIR CULPA Y, POR LO TANTO, DE GENERAR LAS DINÁMICAS DISFUNCIONALES DE CULPA/MANIPULACIÓN

Cuando no existe disciplina y, por lo tanto, normas ni lineamientos, los padres tendrán distintas reacciones al "mal" comportamiento de su hijo, de manera por demás diferente cada vez. El mismo comportamiento del hijo a veces se ignorará, a veces se castigará levemente y a veces casi con la pena de muerte, dependiendo del estado de ánimo de los padres.

Cuando no existen normas y acuerdos en el hogar, ni se han establecido previamente las consecuencias que se generarán si se infringen (por ejemplo, qué pasará si no cumples con llegar del "antro" a una determinada hora), los padres más de alguna vez estarán muy enojados y entonces van a reaccionar de manera exagerada, poniendo un castigo enorme y quizá hasta absurdo, como: "¡no vuelves a salir por el resto de tu vida!"; cuando baje el coraje, esto desde luego les causará culpa y, además, de seguro no van a cumplir, perdiendo así toda credibilidad y autoridad ante sus hijos.

O quizá lo que sucederá bajo el influjo de su enojo es que los padres reaccionarán de manera agresiva, ofendiendo horriblemente a su hijo o golpeándolo. ¿Y qué viene después? ¡La culpa! Y con ella las acciones inadecuadas para "lavarla", de las que ya hablamos ampliamente en el capítulo anterior.

Así pues, la disciplina trae muchas cosas buenas; y a fin de cuentas, el esfuerzo y el tiempo que tenemos que invertir para establecerla en nuestro hogar es muchísimo menor del que invertimos en gritar, batallar y lidiar día a día con nuestros hijos, cuando en nuestro hogar no hay disciplina. Ella, por todas las razones planteadas, es una verdadera bendición en la vida.

¡Afortunados los padres que la entienden y aplican!… ¡Afortunados los hijos de esos padres!

3

Hijos sobreprotegidos: tiranos/dictadores o débiles/dependientes

Hay ciertos rasgos de personalidad que son comunes en los hijos sobreprotegidos, los cuales iré presentando a lo largo del capítulo. Sin embargo, la combinación de diversos factores —algunos propios del individuo como temperamento y carácter, y otros que tienen que ver con el tipo de dinámicas manejadas por los padres— modificará el resultado de la sobreprotección, convirtiendo al hijo en débil y dependiente o en un tirano dictador. En el fondo ambos sufren, tienen una bajísima autoestima y sienten enormes cantidades de culpa y autodesprecio. Después de todo lo que ya hemos analizado, no es difícil entender el porqué.

Uno de esos rasgos comunes de los hijos sobreprotegidos, que a mí me entristece sobremanera, es la *ingratitud*. Los hijos sobreprotegidos están enfermos de ingratitud, la cual, más que un rasgo de personalidad, es una enfermedad del alma. No valoran lo que se les da y se hace por ellos, nunca es suficiente y siempre falta algo para que sea lo "adecuado"; con frecuencia se sentirán víctimas del mundo que "abusa" de ellos o no les ofrece lo que quieren y merecen, como si el mundo entero tuviera la obligación de satisfacerlos, solucionarles y darles.

Permítaseme llamarle a la ingratitud "enfermedad", considerando que ésta es la ausencia de armonía y equilibrio, y tal condición, sin duda, está presente en todo aquel que no comprende la importancia de la gratitud y, por lo tanto, no la ha integrado como parte fundamental de su vida.

¡He visto tantos actos de ingratitud de parte de hijos sobreprotegidos! Me impresiona muchísimo el de una mujer que toda su vida ha sido sobreprotegida por sus padres y hermanos, quienes le han solucionado todo y dado a manos llenas en el aspecto económico y en otros.

Su hermana la ha invitado en múltiples ocasiones a viajes nacionales e internacionales, con todo pagado por supuesto, incluyendo la ropa y cosas que compran en el viaje. Le ha dado fuertes cantidades de dinero, porque: *pobrecita, siempre está sin un peso* y le pagó una buena parte de un hermoso coche. La ha incluido en sus negocios dándole altas utilidades por sus servicios, mucho mayores de lo que en la vida real se pagan. Debido a que la hermana "dadivosa" vive en otra ciudad, la sobreprotegida ha sido invitada a visitarla varias veces, con todos los gastos pagados por supuesto, además de invitaciones a hermosos restaurantes, a lugares de los alrededores y a realizar las "compras" que nunca pueden faltar, y casi todo pagado por ella.

Hace poco, la hermana "dadivosa" me platicó que estaba sumamente triste, dolida y molesta con su hermana (la sobreprotegida), la cual unos días antes, y frente a unas amigas, como para hacer más dramática la situación, comenzó a reclamarle cosas y a decirle que abusaba de ella: "cada vez que vienes de fin de semana a esta ciudad, te hospedas en mi casa y yo ni te invito; y además me traes como tu chofer llevándote de aquí para allá". La hermana "dadivosa" no podía creer lo que escuchaba, porque eso que su hermana llamaba "traerla de chofer", ella lo llamaba "andar paseando". Entonces le respondió: "dile también a tus amigas que con frecuencia te dejo dinero por haberme llevado a esos lugares durante el fin de semana" (¡hasta con eso!) La hermana sobreprotegida no comentó nada sobre este punto y siguió diciendo que ya no le permitiría que abusara de ella.

Yo me quedo sin palabras para expresar lo que este relato provoca en mí. Simplemente no me cabe en la cabeza. Cualquier otra persona estaría profunda y eternamente agradecida por ¡tanto apoyo y por todo lo que su hermana le ha dado! Pero los hijos sobreprotegidos no lo ven así; en su egocéntrico concepto de la vida no hay nada que agradecer: "lo que haces por mí es lo que tienes que hacer, no es nada especial, es tu obligación... ¡me lo debes!... ¡Y deberías hacer más!"

En vísperas de la Navidad pasada, fui invitada a comer con una pareja de amigos y sus familiares. Ellos acostumbran darse los regalos en esa comida que celebran el día 23 de diciembre en casa de sus padres. En un momento dado, después de la comida y la entrega de regalos, el hermano de mi amiga, un hombre de 47 años (soltero porque "no ha encontrado a la mujer adecuada"), le dijo muy molesto a su papá: "estoy muy desconcertado porque sólo me diste un regalo. No entiendo el porqué, ya que cada año me das varios". El papá estaba muy apenado y no pudo responder ni una palabra. El hermano mayor lo hizo por él: "mi papá te ha dado dinero a lo largo de todo el año, $70 000.00 para ser exactos, porque le has pedido 'prestado', aunque sabes que nunca en la vida le pagas tus famosos 'préstamos'. Este año decidió que ése sería tu regalo de Navidad. Entonces, entiéndelo así: ya te lo dio por adelantado". El hombre le lanzó una mirada de rabia a cada uno (a mí no porque yo era "la visita"), luego se levantó furioso e indignado y sin despedirse de nadie se dirigió a la puerta, mascullando entre dientes una cantidad de cosas ininteligibles, dio un tremendo portazo y se fue.

¡Impresionante!, pero no sorprendente, viniendo de un hijo súper sobreprotegido como lo es él. Pero eso no fue lo peor, sino que el padre, acongojado, comenzó a lamentarse, arrepentido por no haber dado más regalos de Navidad a su hijito... pobrecito... Y luego los otros hijos lanzaron una serie de regaños hacia el padre, porque "cómo lo ha echado a perder". Y enseguida las ochenta mil disculpas hacia mí porque me había tocado presenciar todo eso… ¡Como si no hubiera yo presenciado "de todo" cuando de familias se trata! ¡Como si no supiera yo que con tanta frecuencia en las reuniones familiares navideñas explotan las verdades reprimidas y negadas y surgen resentimientos y reclamos, convirtiendo la reunión que se esperaba maravillosa en uno de los momentos más desagradables y dolorosos del año!

En este caso vemos de nuevo la ingratitud de otro hijo sobreprotegido, la cual, como ya mencioné, si traducimos en palabras habla así: "lo que haces por mí es lo que tienes que hacer, no es nada especial, es tu obligación… ¡me lo debes!… ¡Y deberías hacer más!" Y esta actitud no sólo se manifiesta en temas relacionados con dinero o con cosas materiales, sino en favores que se les proporcionan o apoyo de cualquier tipo.

¿Por qué es tan importante la gratitud? En primer lugar, porque se siente bien. Date cuenta del bienestar físico, emocional, mental y espiritual que experimentas cuando agradeces algo. En segundo lugar, porque la gratitud es no sólo un lindo y deseable valor que tiene que ver con la buena educación, sino es también una poderosa fuerza que abre puertas y caminos. Cada vez que agradeces creas un camino para que por ahí venga más de lo mismo. Cada vez que agradeces, emites una alabanza con la cual pones una gran cantidad de poderosa energía en eso que estás apreciando y "notando", y donde pones tu atención, crece y se multiplica.

Te des cuenta de ello o no, eso sucede cuando agradeces. Pero también cuando la gratitud viene en la dirección contraria, es decir, cuando es a ti a quien agradecen; puedes experimentar de manera clara los hermosos efectos de esta poderosa fuerza sanadora y armonizadora. Date cuenta cómo cuando te agradecen quieres seguir dando, seguir haciendo, seguir apoyando.

Los hijos sobreprotegidos, enfermos de ingratitud, se pierden de todas las bendiciones que resultan de la gratitud. Desde mi punto de vista, ésa es una de las razones —entre otras que presentaré más adelante—por las cuales generalmente no les va bien en la mayoría de las áreas de la vida.

Otro rasgo de personalidad muy marcado y común de los hijos sobreprotegidos es la tendencia a ponerse en el papel de víctimas cuando se les confronta, reclaman algo o se les pide que cumplan con algún compromiso que hicieron. Su reacción ante estas situaciones no es por lo general la de reconocer su parte de responsabilidad en el asunto, sino de ofenderse e indignarse.

Una hija sobreprotegida de 30 años tomó prestado el coche de su tío. Le pusieron una infracción por pasarse un alto. Ni la pagó, ni le informó a su tío, quien se enteró varios días después, cuando encontró la boleta tirada por ahí en el piso del auto. Su tío la llamó para decirle que debió haberse responsabilizado de pagarla, o por lo menos de haberle informado para que él pudiera hacerlo y así ahorrarse el 50% del monto de la multa por pago oportuno. La sobrina, indignada y ofendida, se sintió la víctima de su horrendo tío.

Aunque en este libro hablaré de manera diferenciada del hijo débil/dependiente y del hijo tirano/dictador, con el fin de dejar más claras las ideas que deseo presentar, no significa que en la vida real la diferencia entre uno y otro sea muy radical. Es decir, el hijo tirano/dictador puede ser también débil/dependiente, así como el hijo débil/dependiente también podrá ser tirano/dictador. De hecho, cada uno tiene algo del otro, pero lo manifiestan de manera diferente. Se trata entonces de que en el hijo débil/dependiente predomina esta actitud, así como en el hijo tirano/dictador esta actitud es la predominante. No obstante, como ya mencioné, voy a presentarlos de manera diferenciada, con el fin de dejar muy claras las actitudes y rasgos de personalidad de uno y otro.

En mi práctica profesional estoy en contacto con cientos de padres de familia, y debido al hecho de que constantemente viajo a muchas ciudades de la República mexicana y a algunas del extranjero, en las que imparto conferencias y cursos para padres, tengo la fortuna de conocer innumerables casos de aquí y allá, que enriquecen mi experiencia y me ayudan a comprobar una y

otra vez mis hipótesis sobre muchos aspectos de la vida y, específicamente, de la relación padres e hijos.

Considero de gran utilidad mostrar en este espacio varios casos de hijos sobreprotegidos tanto en su faceta de tiranos/dicta-
dores como en la que corresponde a la de débiles/dependientes,
pues encuentro que revisar las situaciones de la vida real, que
llamamos "casos", ayuda en gran medida a ejemplificar, aclarar y
comprender los conceptos que estamos tratando.

LOS HIJOS TIRANOS/DICTADORES

Antes de entrar en materia en torno a este tema, quiero hacer una
aclaración importante: no confundamos a un niño que está en
"la edad de los berrinches" con un hijo tirano.

Cualquier madre o padre con hijos de un año y medio a
tres, en promedio, sabe que los berrinches son agobiantes y des-
concertantes y que a veces nos morimos de vergüenza cuando
parece que no hay poder humano ni divino que aquiete a nuestra emberrinchada criatura, que nos pone en ridículo ante los
demás.

Un niño estaba haciendo uno de esos berrinches en un restaurante donde yo comía con un grupo de amigos. Uno de mis
amigos, quien no tiene hijos, comentó: "Si yo tuviera un hijo,
eso nunca sucedería, porque yo le daría mucho amor y…" Ya no
pudo continuar, porque el resto del grupo lo callamos con toda
clase de comentarios y reproches por atreverse a decir semejante
disparate. "¡Cómo se nota que no tienes hijos… ya te viera!" Le
reclamamos todos al unísono.

Muchas madres y padres piensan igual que mi amigo y creen
que si su hijo hace berrinches es porque ellos están haciendo
algo mal. La verdad es que el berrinche a la edad mencionada es
normal y forma parte del desarrollo psicológico del niño.

En cada etapa de la vida, los seres humanos tenemos determinadas "tareas" que realizar que son necesarias para lograr ciertas metas para el sano desarrollo de la personalidad.

Entre el año y medio y los tres años aproximadamente, la meta a lograr es la AUTONOMÍA: la "separación" de la madre para diferenciarse como un individuo aparte, ya que el bebé tiene una simbiosis con la madre, una percepción de ser una unidad con ella. La naturaleza humana es sabia y para realizar esta "tarea de vida" la psique del niño instaura el berrinche, el cual no está mal en sí mismo, pero es muy importante el manejo que los padres hacemos de él, porque de ello depende que el niño logre su meta de autonomía o, por el contrario, desarrolle distorsiones de la misma, como conflictos con la autoridad, o excesiva dependencia, que llevará consigo hasta la edad adulta. Del manejo de los padres dependerá también que el niño se convierta en un tirano, o que transite y culmine la "edad de los berrinches" de una manera sana.

A continuación te propongo una guía —digámoslo así— para el manejo del berrinche de los niños que se encuentran en esa etapa:

El niño hace berrinche cuando quiere algo. Entonces pregúntate:

—¿Eso que quiere le perjudica a sí mismo o a otros?

—¿Va a tener consecuencias desfavorables en el futuro cercano o lejano del niño?

Si tu respuesta es NO, permítele "salirse con la suya" porque esto también le ayudará a lograr esa autonomía, que, como ya dijimos, es la tarea a lograr en esta etapa de la vida.

Si tu respuesta es SÍ, tu decisión será un rotundo NO a lo que el niño quiere. Desde luego, esto ocasionará un berrinche. Con voz tranquila pero firme, explícale UNA SOLA VEZ algo como:

—No vas a comer nieve antes de la comida. Aunque llores y te enojes, no te voy a dar nieve antes de la comida.

—No puedes brincar en los sillones porque son de mi amiga y se los maltratas.

—No puedes tomar tal cosa porque es de x persona.

—No vas a cruzar la calle solo, porque es peligroso; aunque te enojes, no te voy a soltar la mano.

Y acompaña tus palabras con las acciones acordes con ellas.

Luego ignora el berrinche, porque si sigues poniéndole atención o explicándole una y otra vez lo que ya dijiste, lo refuerzas. Una vez que se ha calmado, no antes, exprésale tu amor de la manera que se te antoje y "dale vuelta a la página", ya no sigas hablando del asunto.

Obviamente, tendrás que adaptar estas recomendaciones a la situación, circunstancias y lugar donde te encuentres.

Y por favor ¡*cumple lo que dices!* para que no pierdas la credibilidad y autoridad ante tu hijo. Así, tu amado retoño transitará de manera sana y adecuada por esta interesante etapa de la vida.

Una vez explicado y aclarado el asunto de la edad de los berrinches, comencemos pues a hablar sobre los hijos *tiranos/dictadores*.

Uso estos términos metafóricamente para describir a los hijos que han tomado —porque se les ha dado— todo el poder en la familia (dictador) y lo ejercen de manera abusiva y cruel (tirano), haciendo sufrir, aunque también ellos sufren. Los hay de todas las edades; maltratan a sus padres y hermanos aunque, sorprendentemente, más a sus padres. Demandan, exigen, agreden y se convierten en monstruos. Sus padres se quejan de ellos tomando una actitud de víctimas y en la mayoría de los casos no se dan cuenta de que ellos crearon a ese monstruo y que también tienen la solución en sus manos.

Cada vez que los padres vienen a mí con su lista de quejas acerca de sus hijos tiranos y me cuentan las "horribles cosas que les hacen", mi confrontativa pregunta hacia ellos es: "¡¿y por qué lo permiten?! ¿Quién suponen que ha creado a ese monstruo?" Y luego les pido que me diga cada uno cuál es su parte de responsabilidad en el asunto, porque es necesario que entiendan que su hijo no es así, simplemente por mala suerte o porque le dio el aire del norte, sino que ellos tienen que ver en la creación de ese problema y su solución. Este hecho, sin embargo, no significa que los padres o el hijo tirano sean malas personas; no lo son en absoluto, sino simplemente, sin darse cuenta, han generado esta dinámica patológica para compensar conflictos emocionales, como ya lo hemos explicado en el capítulo 1.

Una pareja de médicos me contó hace poco, con ese tono de voz y actitud de sufrimiento que caracteriza a los padres de estos hijos, que cuando el padre llega de trabajar alrededor de las 7 de la noche, su hijo de 16 años toma las llaves del coche y grita desde la puerta: "ahorita vengo", a lo que los padres responden: "espera, dinos a dónde vas", y el muchacho a gritos contesta: "¡dije que ahorita vengo... punto!"... y se va... ¿Qué consecuencias hay cuando regresa? ¡Ninguna! Al día siguiente y el que sigue y el que sigue vuelve a suceder lo mismo.

Otra señora me dijo, con lágrimas en los ojos, que traía un gran moretón en el muslo porque estando en el supermercado, su niño no sólo la insultó frente a la gente, sino que empujó el carrito de las compras sobre ella y le pegó con él en la pierna.

Un señor me dijo la semana pasada que su hijo de 20 años "lo bajó del coche". "¿Te bajó del coche?", pregunté impactada; "sí, él iba manejando, discutimos y muy molesto se orilló, me tronó los dedos y me dijo: '¡te me bajas ahora mismo!'... y pues... me tuve que bajar"...

¡Increíble!... sencillamente... ¡increíble!

¡Madres!... ¡Padres!... ¡No dejen que sus hijos los maltraten! ¡No les permitan tratarlos así! ¡No se imaginan lo "grave" que esto es desde cualquier punto de vista! Y digo: *no dejen, no permitan* porque ésa es la razón por la cual sus hijos tiranos lo son. ¡Porque ustedes lo permiten, porque no les ponen límites!

Hace un par de años fui a casa de una señora que me recomendaron como una gran masajista a recibir sus servicios. Sí lo era, por cierto. El caso es que terminamos la sesión y mientras le estaba pagando y ella revisaba su agenda para darme otra cita, su hija de unos 5 años se asomó desde lo alto de la escalera que conducía al segundo piso de la casa. "Mamá... ¿me subes una paleta?", le dijo con un tono que más parecía una orden que una pregunta. La mamá le respondió que sí, pero que la esperara un momento. La niña comenzó a retorcer las piernitas con desesperación, mientras le decía a gritos: "¡tráemela yaaaaa!" "Espera un momento, hija, déjame terminar de atender a esta señora", contestó la mamá nerviosa y apenada conmigo. Pero la pequeña tirana, que no entendía razones, respondió con voz aún más fuerte y una actitud de mando que había que ver para creer: "la quiero ¡ahorita!... ¡uno... dos... tres... cuatro...!" La mamá, visiblemente asustada, me dijo: "permíteme un momento, por favor" mientras corría a la cocina tan veloz como pudo a sacar la dichosa paleta y llevársela a la niña hasta sus manos.

Muchas veces me he preguntado qué hubiera sucedido si la niña llega al 10 en su tiránico conteo y la mamá no hubiera obedecido para entonces. De seguro la mamá lo sabía, por eso reaccionaba como autómata al conteo. Tal vez se hubiera sentido muy avergonzada de que sucediera "eso" frente a mí, sea lo que fuera, después del 10.

Con mucha frecuencia y por todos lados, encontramos a esos pequeños tiranos que no entienden —porque sus padres no les han enseñado— que la razón por la cual las personas están en el mundo no es para servirles y cumplir sus demandas, que todos tienen sus propios derechos, igual que ellos los tienen; que cada lugar tiene una función y hay que respetarla: en el parque se corre y se grita, en los restaurantes se come, en las tiendas se observan y compran las mercancías, en el cine se ve la película, en las salas de espera se espera. Tampoco entienden que nadie está obligado a soportarlos cuando se ponen a correr y a gritar en un restaurante, incomodando a todos los presentes que se encuentran ahí con el objetivo de comer y a la vez pasar un rato agradable conversando con su familia o amigos, o simplemente disfrutando de su comida favorita. Tampoco entienden que en el cine no tienen derecho a estar hablando y fastidiando a todos, o pateando el respaldo del asiento de adelante, molestando a quien se encuentra sentado en él.

Y vemos a los padres de esos pequeños tiranos completamente pasivos y permisivos, ya sea porque son débiles y no pueden ponerles límites o porque, obnubilados y confundidos por su gran crisis de autoridad, suponen que sus hijos tienen el derecho a perturbar a los demás y traspasar los límites y normas que existen en todo lugar para el bienestar de todos. "Hay que dejarlos que hagan lo que quieran, ¡no se vayan a traumar si los reprimimos!"

Otra faceta que toma la tiranía de un hijo es su constante demanda de atención, la cual es una de las manifestaciones de su extremo narcisismo; quiere ser el centro de todo, convencido de que el mundo y todos sus habitantes deben estar a su servicio y disposición, de que la vida debe fluir a su ritmo y todos a su alrededor adaptar sus planes, tiempos y deseos a los planes, tiempos y deseos de él. Esta actitud la llevan a todas sus relaciones, provocando que las demás personas los rechacen, ya que en realidad nadie les va a aguantar sus odiosas actitudes, como sus padres lo hacen. Ésta es otra de las razones por las que los hijos tiranos sufren.

Conozco a una mujer de unos 40 años que es verdaderamente hermosa. Hace poco la encontré en un congreso de la empresa donde ella trabaja, a la cual fui invitada como expositora. Uno de esos días después de la cena nos encontrábamos reunidas en un salón 40 personas. Ella estaba presente. Durante más de media hora estuvo hablando con un tono de voz altísimo, sobre toda clase de temas, acaparando la atención de todos. Como es natural que suceda dentro de un grupo, poco a poco se empezaron a formar pequeños subgrupos de dos o tres personas que comenzaron a hablar de sus propios temas, de manera que la atención se desvió de la protagonista. Ella no pudo resistirlo.

Unos minutos después se paró en el centro del salón y casi a gritos anunció que iba a contar una anécdota "muy interesante". De nuevo con la atención de todos puesta sobre ella, contó su anécdota. En cuanto terminó, en un instante se formaron de nuevo los subgrupos y otra vez dejó de ser el centro. Como si no pudiera soportar eso, puso una determinada pieza de música y se puso a bailar en el centro del salón; sus movimientos sumamente eróticos, aunados a su extrema belleza, le devolvieron la atención que demandaba. Tanto para los hombres como para las mujeres presentes —aunque de seguro por diferentes razones— era imposible no verla. Ella se notaba fascinada, como lo estaba cada vez que tenía acaparada la atención de todos. Terminó la pieza de música y después del aplauso, la atención se dispersó de nuevo.

Podría nombrar 10 cosas más que ella hizo o platicó para recuperar la atención cada vez que la perdía. Pero para no hacer esto más largo, concluiré diciendo que por aquí y por allá escuché a varias personas (hombres y mujeres) susurrando cosas como: "¡qué mujer tan odiosa!, "¿cree que todos estamos aquí a su disposición?, ¿quién se cree que es?", "¡ya me tiene hasta el tope!" Su actitud de "¡ME VEN PORQUE ME VEN!" era una forma de tiranía, queriendo controlar el flujo de la reunión y a todos los que estábamos ahí presentes.

Cuando conocemos la historia de esta mujer, podemos entender el por qué de su actitud. Su padre es un hombre débil y "periférico" que nunca se involucró en la crianza de sus dos hijas. En cierta ocasión su mamá me contó cómo su hija mentía constantemente; en incontables ocasiones había acusado a su hermana de cosas que ella hizo, como dinero de los padres que había gastado o joyas de la mamá que se había llevado. La madre también se quejó de los constantes dramas que les hacía y de las horribles ofensas que les lanzaba cuando las cosas no se hacían a su manera y en el momento en que ella lo deseaba. Y después, con esa vocecita de "yo soy inocente", que todos usamos cuando jugamos el rol de víctima, me dijo algo que me impactó: "pero siempre ha

sido así, desde niña. Es que era tan bonita, pero de veras tan bonita, que nunca la podía regañar"... ¡Ojalá lo hubiera hecho!

Esta pobre mujer, a pesar de su hermosura, está sola de amigos y sola de pareja. Se ha casado tres veces y en cada ocasión
su hombre la ha dejado. Su tercer ex esposo —que es al que yo
conozco— me dijo en cierta ocasión: "lo peor que te puedas
imaginar es mejor que estar con ella". Este comentario me impresionó profundamente. Qué doloroso debe ser para esta hermosa mujer ir por la vida siendo rechazada por prácticamente
toda persona que la llega a conocer. Algún día sus padres, que
son los únicos que la aguantan, inevitablemente se irán del planeta... Y entonces...

¿Qué hace que los hijos se conviertan en tiranos? ¿Por qué se
vuelven groseros, desconsiderados, exigentes, monstruos dictadores? Por la debilidad de los padres, que les tienen miedo; por
su falta de autoridad y su incapacidad para ponerles límites, debido a que simplemente son débiles e inmaduros, o a que por alguna razón sienten mucha culpa y la compensan dejando que sus
hijos los maltraten, como ya explicamos con anterioridad. Algo
así como: "maltrátame hijo, para no sentirme tan culpable". Por
supuesto no se razona de esta forma, ya que por lo general esto
es inconsciente.

Y la cosa se pone aún peor, cuando en lugar de llamar a sus
hijos por su nombre, los padres le llaman: "mamá o mamita",
"papá o papito", lo cual es sumamente común. Si ya de por sí
el hijo se ha colocado como cabeza de familia, nombrándolo
de esa manera se le confirma que, en efecto, eso es. Tu hijo no
es tu papi ni tu mami; tiene un nombre ¡y así es como hay que
llamarle!

El hijo tirano sufre por ser como es; no importa cuál sea
su edad, con su actitud está suplicando ¡a gritos!: "¡¡¡por favor,
contróleme alguien!!! ¡¡¡No me permitan hacer estas cosas!!!"
Pero su súplica no es escuchada; a su alrededor no hay NADIE
que responda a ella. Y todo continúa igual, día tras día... Año

tras año sigue atrapado en esta dinámica patológica, sufriendo y haciendo sufrir.

La situación de ser un hijo tirano o ser el padre de uno, además de causar mucho sufrimiento para ambos, también genera una profunda desesperación en los padres que no encuentran la puerta de salida. El padre de un tremendo tirano me dijo un día que a veces se le antoja ponerlo en un cohete y mandarlo a la Luna. El autor anónimo de un pequeño poema que hace poco encontré en un viejo libro, ya despastado, expresó esa desesperación en esta cruda y peculiar manera: "A veces me dan ganas de enterrar vivo al pequeño dictador en la huerta de limones... sólo espero que Bobby el perro no lo desentierre".

Les he leído esa parte del poema a varias personas; algunas se mueren de risa y otras se horrorizan. Pero semejante "solución" no es necesaria, como tampoco lo es la desesperación y el sufrimiento de los padres ni del hijo tirano, ya que, insisto, todo lo que sucede con él tiene solución.

Más adelante propondré algunas alternativas para cambiar el patrón de comportamiento del hijo tirano hacia sus padres, que necesita ser erradicado ¡ya! Cuanto antes mejor, porque permitir que sus hijos los maltraten les afecta no solamente a ellos, sino también a las futuras generaciones, más allá de lo que imaginamos. Veamos el por qué.

LAS CONSECUENCIAS "INVISIBLES" DE PERMITIR LA TIRANÍA DE UN HIJO

Todos venimos de una cadena generacional. Nuestros antecesores, entre muchas otras cosas, nos han dado la vida. De nuestros antecesores en general y en primer plano de nuestros padres proviene el "flujo de amor y vida" que pasa de generación en generación y se traduce en fuerzas invisibles que nos asisten y soportan en la vida. Todo esto es comandado por la ley de las jerarquías que, nos guste o no, gobierna éste y otros aspectos de la existencia.

Este flujo de amor y vida que se transmite de los antecesores a los descendientes no es un acto consciente; de hecho, la mayoría de las personas ni siquiera sabe qué sucede. Se da en virtud y a través de los invisibles y fuertes lazos del alma, que unen y sostienen a todos los que forman parte de esa cadena generacional.

"Hay poderosas fuerzas del pasado que nos quieren ayudar", afirma Alejandro Jodorowsky.

Pero cuando un hijo maltrata a sus padres, se cierra la puerta, se interrumpe el flujo de amor y vida que viene de sus antecesores y el hijo se queda sin él... solo... simbólicamente muerto... e incapaz de pasar ese flujo de amor y vida a las generaciones que siguen, puesto que se ha interrumpido. Y se ha interrumpido no porque sus antecesores y padres hayan dejado de fluirlo, sino porque el hijo no lo recibe, lo rechaza, le cierra la puerta con su actitud. Por eso afecta no sólo a ese hijo, sino también a sus descendientes. Hasta que alguno de ellos, si es que resulta alguno capaz de hacerlo, retome el respeto por la jerarquía, honre a sus padres y así restablezca el flujo, reabra la puerta y vuelvan a fluir para los que le siguen las poderosas fuerzas invisibles que fueron interrumpidas en el pasado.

Para mí, ése es el sentido profundo, el sutil "porqué" de la sentencia: "honrarás a tu padre y a tu madre".

Por más "malos" que sean unos padres, les dieron la vida a sus hijos y eso por sí solo los hace dignos de ser honrados.

Yo creo que esa "violación" a la ley de la jerarquía, que se manifiesta como maltrato hacia los padres y que conduce a interrumpir el flujo de amor y vida, es —igual que la ingratitud— una de las razones por las cuales los hijos sobreprotegidos generalmente fracasan en la vida. Por ese motivo, en general, no son capaces de realizar sueños; por eso son de entrañas y corazones débiles. Si un varón no puede tomar la energía masculina proveniente de su padre y sus antecesores varones, difícilmente podrá ser exitoso en todas las áreas de la vida. Si una mujer no puede tomar la energía femenina de su madre y sus antecesoras mujeres, tampoco podrá tener éxito en las diversas áreas de su vida. Y ni uno ni la otra tomarán esa energía, si se ha interrumpido el flujo... Es así de simple.

No es nada raro que un hijo, por diversas experiencias de su vida, haya desarrollado un fuerte resentimiento hacia sus padres. Esto no es enjuiciable ni condenable. Pero la solución no es agredirlos y maltratarlos, sino someterse a un proceso terapéutico con el fin de sanar esos resentimientos y dar cabida al perdón y a la paz. Si las personas comprendiéramos la trascendencia tan positiva y los grandes beneficios que eso conlleva en todas las áreas de la vida, lo que nos aporta el sanar los resentimientos hacia nuestros padres, sin duda alguna trabajaríamos con ahínco por alguno de tantos caminos que existen para lograrlo.

Pero permitir que un hijo maltrate a sus padres y considerar que eso es adecuado para que desahogue su enojo y resentimientos ¡es un monumental error! Cuando en una relación, padre, madre e hijo ha existido una dinámica como ésta, el alma de la relación se enferma, el corazón de la relación se cierra y los lazos de amor se rompen. Pero es posible reparar todo esto.

En el siguiente capítulo te ofrezco algunas alternativas que espero te sean de utilidad para modificar la situación de tu hijo tirano. La trascendencia que tendrá el hacerlo es inmensa. Nunca sabremos a ciencia cierta hasta dónde terminará la influencia sanadora que estos cambios aportan.

4

Cómo modificar la situación de un hijo tirano

El primer e imprescindible paso es que aceptes tu responsabilidad en la creación de tu hijo tirano/dictador. Si no reconoces esto, será imposible hacer cambios.

Luego, con mucha honestidad, hay que hacer un análisis de las posibles razones por las que esto ha sucedido. El descubrir cuáles son las causas por las que no has podido poner límites te ayudará a generar estrategias muy puntuales y específicas para solucionarlo.

Pregúntate y respóndete: ¿por qué le permito que me trate así?

1. ¿Siento culpa porque lo rechazo, porque no paso tiempo con él, porque me considero un mal padre/madre, por algo que hice en el pasado o por alguna otra razón? Si es así, hay que trabajar en sanar esa culpa a través de la ayuda profesional. La psicoterapia es una efectiva herramienta para sanar nuestros sentimientos y, en este caso, la culpa. Asimismo, transcribo a continuación algunas propuestas muy efectivas que ofrezco en el capítulo 8 de mi libro: *Todo pasa... y esto también pasará,* cuyo objetivo es ayudarnos a sanar este sentimiento:

Cuando sentimos culpa, tenemos un diálogo interno de autorreproche que parece disco rayado y a veces nos tortura: "para qué le dije, debí haberle dicho, hubiera hecho esto, no hubiera hecho aquello", etc. [...]

Graba en un audiocasete ese diálogo interno. Procura que esa grabación dure mínimo 15 minutos, aunque puede ser más. No importa que repitas y repitas varias veces las mismas expresiones; a fin de cuentas eso es lo que hace en la mente nuestro diálogo interno: repetir una y otra vez lo mismo.

Luego, durante algunos días escucha diariamente esa grabación. Mejor si lo haces varias veces al día, hasta que llegue un momento en que notarás que estás harto de oírla, saturado, e incluso podrás percibir la situación diferente de como la habías planteado en la grabación. Tal vez al escucharla hasta comiences a pensar: "ay, no es para tanto" o "bueno, no soy un tonto, hice lo que creí conveniente" y otros pensamientos de este tipo.

Cuando ya te notes harto y saturado de escucharte reprochándote y lamentándote, todavía oye tu grabación dos o tres días más. Después, llegó el momento de dejarla ir y, con ella, todos esos sentimientos de culpa plasmados ahí. Quizá decidas simplemente tirar el casete o tal vez desenredarle la cinta lentamente hasta sacarla toda, o elijas alguna otra forma de dejarlo ir. Lo que sí te recomiendo es que no lo hagas con desprecio, sino con respeto, sabiendo que esa culpa te enseñó algo, pero decides que no la quieres cargar más tiempo contigo y, por lo tanto, te liberas de ella.

Esto funciona por varias razones: una es que al "sacar" de ti tu diálogo interno y escucharlo "desde afuera" puedes percibir la situación de una forma más objetiva y neutral, lo cual te ayuda a cambiar tu percepción y, por lo tanto, tus sentimientos al respecto. Digámoslo metafóricamente así: si ves la situación a través de un lente gris, producirás sentimientos grises; si cambias el lente a uno amarillo, producirás sentimientos amarillos.

Otra razón por la que funciona es la saturación. Esta técnica, propuesta por la psicoterapia sistémica, se llama *prescripción del síntoma* y consiste en darte permiso de tener el síntoma en lugar de prohibírtelo. De manera que, en lugar de presionarte a ti mismo a "controlar" ese diálogo interno y quitar ese sentimiento de culpa, te permites e incluso te incitas a tenerlos, de forma tal que, sin duda, llegará en su momento la saturación y el cambio de percepción del acontecimiento.

En un curso impartido por Alejandro Jodorowsky, al que asistí hace algunos años, él propuso la siguiente técnica, que en repetidas ocasiones he manejado con diversos pacientes y hasta conmigo misma, obteniendo excelentes resultados: elige un símbolo que represente tu culpa. Los sentimientos los percibimos y los expresamos por medio de la forma, color, peso, etc.; entonces busca ese símbolo para, digámoslo así, "materializar" tu culpa; tal vez una piedra, una rama espinosa, un erizo, un nudo, o cualquiera que sea la forma en que la percibas. Después, carga tu símbolo durante varias semanas a dondequiera que vayas y además duerme con él, báñate con él y mantenlo contigo todo el tiempo; ¿no es exactamente eso lo que hacemos con la culpa?, ¿no es cierto que nos acompaña de día y de noche, a dondequiera que vamos?

Cuando sientas que ya es suficiente, entonces déjala ir. Tal vez quieras enterrarla, o quemarla, o lanzarla al mar o simplemente tirarla, según lo que sientas que es para ti adecuado. Recuerda que siempre que dejamos ir algo, hay que hacerlo con respeto, con amor, con gratitud por los aprendizajes que eso aportó a nuestra vida.

Ésta es otra propuesta: mírate todos los días al espejo durante algún tiempo y viéndote a los ojos di en voz alta: "reconozco que cometí tal error, pero ahora me perdono y me libero de mi culpa". [...] Aun cuando al expresar esto frente al espejo no te sientas cómodo, como si una parte de ti se resistiera, de todas maneras hazlo. Aunque al principio no lo sientas congruente y real, aunque te cueste, aunque no estés del todo convencido, poco a poco irá convirtiéndose en una verdad y ayudará a sanar esos sentimientos de culpa.

2. ¿Le tengo miedo porque soy débil de carácter o existen áreas de mi personalidad que son inmaduras? También esto tiene

solución y hay que encontrarla. Todos tenemos áreas de nuestra personalidad que son inmaduras o débiles, pero las que son necesarias para realizar nuestra función de padres necesitan con urgencia ser atendidas. La psicoterapia es una eficaz herramienta para lograrlo.

3. ¿No sabía o estaba confundido respecto a la manera sana de relacionarnos con los hijos en la actualidad? Es comprensible, porque casi todos tenemos muchas dudas al respecto. No obstante, hay que entender que los padres necesitamos leer, ir a conferencias, a cursos y prepararnos de todas las formas posibles para realizar nuestra función como padres. Con frecuencia escucho una frase que me desagrada mucho: "¡es que para padre no se estudia!" Mi respuesta a esto es: "¡pues hay que estudiar!" No se vale justificar con esta excusa nuestra flojera, ignorancia o mal desempeño.

En la actualidad, por fortuna, muchos colegios, iglesias e instituciones gubernamentales y privadas ofrecen infinidad de alternativas por medio de cursos, conferencias y apoyo terapéutico para los padres. En lugar de justificarnos diciendo que "para padre no se estudia", comencemos a hacerlo. Cuantos más conocimientos adquirimos y recursos desarrollamos, más fácil será realizar nuestra función como padres; así, padres e hijos resultaremos beneficiados.

4. O tal vez existen otras razones. Puede haber un sinfín de razones, además de las que he mencionado, por las cuales puedes sentirte culpable. Si descubres que existen, es necesario atenderlas también. De nuevo te recomiendo buscar ayuda profesional que te servirá para descubrirlas y trabajar con ellas.

Una vez que has analizado y determinado cuáles son las razones por las que te sientes culpable y que te han impedido poner límites sanos a tu hijo tirano, hay que pasar a la acción. Ésta última será el vehículo que te conduzca hacia los cambios; sin ella todo se queda en buenas intenciones. En este caso la acción significa, por una parte, poner en práctica las herramientas propuestas en el punto 1 para sanar la culpa o buscar ayuda profesional, o bien, involucrarte en cursos y actividades como las mencionadas en el punto 3. Por otra parte, pasar a la acción también significa generar estrategias para manejar las dinámicas disfuncionales que se han desarrollado en la familia, para lo cual hay que crear un plan de acción. Si te sientes realmente perdido en el "cómo", aun consultando las recomendaciones que yo te propondré en este libro, o las propuestas dadas por otros autores, considera la opción de asistir a algunas sesiones de terapia para que un profesional capacitado te ayude a revisar profundamente tu caso y a generar ese plan de acción.

Yo no entiendo el por qué muchas personas tienen tanta resistencia a ir a terapia. Si necesitamos resolver problemas sobre impuestos, vamos con un contador porque no sabemos cómo; si necesitamos resolver asuntos de plomería, buscamos al plomero porque no sabemos cómo; si necesitamos solucionar temas de dientes o de corazón, vamos con el odontólogo o el cardiólogo porque no sabemos cómo; pero cuando se trata de reconocer que no sabemos cómo o no podemos solos en temas psicológicos, nos resistimos con uñas y dientes, porque consideramos que eso es para gente loca, débil o inmadura.

¡Ya dejemos por Dios esas creencias arcaicas sobre la terapia! ¡Ya están pasadas de moda! Entendamos y aceptemos de una vez que quienes van a terapia son las personas valientes, con ganas de crecer y aprender. Yo he tenido muchísimos pacientes que son personas sumamente exitosas, maduras, sanas y fascinantes, que simplemente tienen interés en revisar o modificar cierta área de su vida y reconocen que necesitan ayuda profesional.

A continuación te propongo algunas estrategias para manejar la situación de tu hijo tirano, esperando de todo corazón que te sean de utilidad y, sobre todo, que tengas la voluntad de llevar a cabo los cambios necesarios para liberarlo del pesado yugo que lleva sobre sus espaldas, porque, como ya lo comenté, las consecuencias de esta dinámica patológica afectan en gran medida no sólo a tu hijo en su autoestima y en su desarrollo para alcanzar éxito en la vida, sino también a las generaciones venideras. No pierdas de vista que, aunque no lo parezca, tu hijo tirano sufre, siente gran culpa y autodesprecio y está pidiendo a gritos, ¡suplicando!, que no se le permita hacer lo que hace... ¡Ayúdalo por Dios!

CÓMO DETENER EL MALTRATO DEL HIJO TIRANO HACIA SUS PADRES

En primer lugar, hay que partir de esta base: ¡por ningún motivo lo vas a permitir! ¡Y es necesario dejarlo muy claro! Una manera de lograrlo, que funciona muy bien y que he comprobado con mi experiencia profesional, es la siguiente:

—Dile algo así: "a partir de hoy, ya no voy a permitir que... (aquí describes clara y específicamente el comportamiento al que te refieres): me insultes, grites, golpees, etc." (aunque parezca increíble, hay hijos que golpean a sus padres). Quizá hasta le quieras explicar el por qué ya no lo permitirás. Eso está bien.

—Luego habrá que completar la segunda parte, diciendo algo así: "cada vez que tú me vuelvas a tratar de esa manera (especifica muy bien cuál es "esa manera"), voy a hacer esto... establece cuál será la consecuencia que tendrá.

—Después, simplemente dedícate a cumplirlo. Si estás en verdad convencido de que es necesario hacer estos cambios, te será fácil cumplir con lo que dijiste, ya lo verás. Con frecuencia me impresiona lo fácil que es cambiar algo cuando realmente lo deseamos.

Siempre que vamos a hacer un cambio del tipo que sea, es necesario anunciarlo verbalmente, hacer saber a la o las personas involucradas que las cosas serán diferentes a partir de hoy, para que estén informadas de lo que vamos a modificar y de lo que implicará dicho cambio. Si no lo informamos, no sabrán que esta nueva acción o conducta de nuestra parte es permanente y es de a de veras, lo cual hará más largo y complicado el proceso de cambio.

En el caso que estamos tratando, es necesario entonces informar al hijo tirano que ya no permitiremos que nos maltrate. Voy a sintetizar lo que he mencionado anteriormente, poniendo un ejemplo muy concreto, para que esto quede claro como el agua. Le diremos algo así:

"Hijo, desde el día de hoy ya no voy a permitir que me grites e insultes; cada vez que lo hagas,

- me voy a ir del lugar donde estemos, o
- no te voy a prestar el coche, o
- no habrá permiso para salir ese fin de semana, o
- no podrás ver televisión esa tarde, o
- no jugarás con tu X Box ese día".

Éstos son sólo ejemplos de consecuencias que podrás establecer, pero lo importante es que diseñes las tuyas, de acuerdo con la edad de tus hijos y las situaciones que tengas a tu alcance, ya que es muy importante que tengas el control sobre el cumplimiento de dichas consecuencias, para que éste dependa de ti, no de otros.

Antes de que lo refutes, te lo voy a responder, ya que de manera general, cuando los padres de hijos tiranos escuchan estas recomendaciones, reaccionan diciendo cosas como éstas: "uh, me va a decir que al cabo ni quería el coche, o va a tomar las llaves de todas maneras y se va a ir; va a encender la televisión a escondidas de mí, y si se la apago, en cuanto me dé la vuelta la volverá a encender; el fin de semana se va a salir de todas maneras sin mi permiso, etc." Cuando oigo esas expresiones de derrota —siempre antes de ni siquiera haberlo intentado—, mi corazón grita de frustración.

Voy a decirte algo muy radical, que aunque no suene bonito no le pondré música de fondo, y aunque se vea feo no lo pintaré de rosa: ¡para eso eres el padre/madre! ¡Por Dios, compórtate como un adulto y deja de ser el niño asustado que le tiene miedo a sus hijos! ¡Busca la manera de hacer que esas consecuencias se cumplan!

La alternativa de alejarte de él cuando te maltrate he visto que funciona muy bien. A veces implica de plano tener que irte del restaurante, de la tienda, etc., y a veces simplemente cambiarte de habitación en casa. Cuando se te maltrata es como si te estuvieran dando puñaladas, o apagándote cigarros en la cara o echándote encima basura y suciedad. ¿Y tú te quedas ahí para aguantarlo?

Cuando yo sé que el hijo tirano es ya un adulto, como en el siguiente caso y sigue metido en casa de los padres, dependiente, grosero y demandante, mi recomendación es aún más drástica: "¡si me sigues tratando así, te vas de la casa!"

Hace algunos meses acompañé a una amiga a casa de su jefa para recoger unos papeles. Yo me quedé esperándola en el coche, porque tenía que hacer unas llamadas. Después de unos minutos, comencé a escuchar una voz masculina que lanzaba tremendos gritos del interior de la casa. No alcanzaba a distinguir las palabras con claridad, pero la fuerza de esos estruendosos alaridos me impresionó y hasta me causó miedo. Mi amiga estuvo como 20 minutos dentro de la casa. Ella se tardaba y yo seguía escuchando lo que escuchaba, se me ocurrió que tal vez podría estar pasando algo grave y hasta dudé si debía llamar a la policía. En esa elucubración estaba, cuando mi amiga salió por fin de la casa, con los papeles en la mano y la cara pálida y descompuesta.

En cuanto subió al coche empezó a llorar. Por más que le preguntaba: "¿qué te pasa, dime qué sucede?", el llanto la atrapaba y no podía hablar. Por fin se calmó un poco y me dijo: "ay, Martha, estaba a media conversación con mi jefa cuando su hijo de 23 años salió de su recámara y le avisó a ella que tomaría el coche. Ella le dijo que no lo hiciera porque lo iba a necesitar y el hijo se puso furioso. ¡No te imaginas las cosas tan espantosas que le gritó a su madre! ¡Ni siquiera le importó que yo estuviera ahí y escuchara todo! Quisiera decirte lo que le gritó, ¡pero no puedo ni pronunciarlo!... ¡no te imaginas las horribles cosas que le gritó, Martha!"... repetía mi amiga una y otra vez mientras seguía llorando impactada por lo que acababa de presenciar.

Cuando un hijo maltrata a sus padres, se está infligiendo todas esas torturas a él mismo, a sus padres y a los miembros "invisibles" de la familia: los que ya se fueron y los que están por venir. ¡No lo vas a permitir más!

Por amor a tu hijo tirano que carga con el asfixiante dolor de ser así, por amor a todos tus hijos, a ti mismo, a tus antecesores y a tus descendientes por venir, ¡YA NO LO VAS A PERMITIR!

AYÚDALE A DESARROLLAR LA "TOLERANCIA A LA FRUSTRACIÓN"

Esto no significa hacerle a tu hijo la vida pesada sin ninguna razón o crearle intencionalmente circunstancias difíciles y obstáculos. Significa ayudarlo a desarrollar su fortaleza y capacidad de sobrellevar las circunstancias difíciles y obstáculos que el flujo natural de la vida trae de por sí. Para lograrlo, tu hijo tendrá que aprender a soportar las esperas, los límites, los NO, para lo cual tendrás que mantenerte firme en tus decisiones. Los hijos tiranos, de cualquier edad, saben muy bien que, a los cinco minutos de estar pataleando, a los 20 minutos de estar discutiendo o al tercer grito, respondes a sus demandas y le obedeces, dándole o haciendo lo que él quiere. Saben muy bien que es solamente cuestión de tiempo, insistir una o tres veces más, para escuchar tu respuesta: "ándale, pues".

Qué triste me parece cuando los padres han perdido credibilidad ante sus hijos; cuando éstos saben que lo que diga mamá o papá es la verdad de ese momento, al rato cambiará; y con un poco de insistencia, su débil palabra se desvanecerá convirtiéndose en nada, como si nunca hubiera sido pronunciada.

"Aunque te enojes, llores, patalees o hagas lo que sea, no te voy a comprar ese juguete hoy (o a dejarte ir a ese lugar, o a permitir que comas nieve porque estás enfermo, etc.)" Eso decía cada vez que era necesario, el sabio padre de mis hijos, quien siempre fue excelente para poner reglas y hacerlas cumplir. Nunca agresivo, pero siempre claro y firme, bendito sea. Y hablaba en serio. Las reglas que ponía o las decisiones que tomaba siempre eran de a de veras... y mis hijos lo sabían.

Para concluir este espacio, con enormes deseos de serte útil y con todo mi corazón, insistiré: tener tolerancia a la frustración significa que cuando la vida no es del color, sabor y forma que la esperamos, cuando la gente no es como queremos, cuando deseamos algo ¡ya!, pero tenemos que esperar, cuando queremos y no podemos... ¡Nos aguantamos! Y tomamos lo que sí hay, sobrevivimos a la desilusión y aun así somos felices.

PERMÍTELE VIVIR LAS CONSECUENCIAS DE SUS ACTOS Y SUS DECISIONES

Hay una regla de oro en la vida: una forma infalible para que los seres humanos —de cualquier edad—maduremos y nos volvamos responsables es vivir las consecuencias de lo que hacemos y decidimos.

La vida real es así: metemos la mano al fuego y nos quemamos; aunque afirmemos que no sabíamos que el fuego quemaba o que no nos dimos cuenta de que ahí había fuego, de todas maneras nos quemamos. Si sembramos un hueso de aguacate, cosecharemos aguacates; no importa cuánto nos disgusten o cuánto quisiéramos que fueran manzanas en lugar de aguacates, eso es lo que tendremos. Podemos patear el árbol, suplicarle con dulzura o demandarle a gritos que nos dé manzanas, pero lo que nos dará son aguacates, puesto que eso es lo que sembramos. La vida real, pues, es así... en todos los ámbitos, de todas las formas y para todas las personas, cada acción y cada decisión tiene su consecuencia.

Los hijos sobreprotegidos, en general, no las viven. Un hijo tirano, por ejemplo, en un arranque de rabia, avienta el teléfono y lo quiebra, patea una puerta y la rompe, destroza el cepillo de su hermana, desgarra la camiseta de su hermano, etc., y no hay consecuencias. Llevarlo a "vivir las consecuencias de sus actos" significa que él pagará el daño, del dinero de sus ahorros o del que los padres le dan semanalmente, y que él limpiará el desastre que ocasionó. No me digas por favor: "uh, no va a querer", ¡ni siquiera te permitas pensarlo! Recuerda: ¡tú eres el padre/madre!, ¡haz que suceda, tú puedes!

Entonces, compraremos el teléfono, la puerta, el cepillo o la camiseta que destruyó con el dinero de él. Si el costo del objeto es mayor que la cantidad de dinero que tiene, pues le descontaremos más la semana próxima y la que sigue, y la que sigue y la que sigue, hasta que la deuda quede saldada. ¡Aunque lleve 20 años el conseguirlo!

Nunca esperes que reaccione con gusto y te diga: "¡claro que sí, con mucho gusto yo limpiaré y pagaré!" Lo más probable es que no será así; se pondrá furioso, reclamará y se defenderá. Es más, está en todo su derecho a no querer y enojarse muchísimo... ¡pero de todas maneras lo va a hacer!

Como ya recomendé en párrafos anteriores, hay que anunciar el cambio. Hay que informarle al hijo lo que a partir de hoy sucederá cuando en sus arranques de rabia destroce cosas.

En cuanto al tema de las decisiones que toman nuestros hijos, con mucha frecuencia sucede que no les permitimos vivir las consecuencias y es muy importante que lo hagan. Porque en la vida real —insisto— tomamos decisiones y todas ellas tienen consecuencias, las cuales debemos aprender a asumir y enfrentar. A veces son muy agradables y tal como las esperábamos, pero otras son desagradables. A veces tendremos que aceptar que tomamos una decisión equivocada, pero las consecuencias de la misma son ineludibles. Un signo de madurez es la capacidad de aceptar las consecuencias de nuestros actos y abrirles los brazos, tanto cuando son agradables como cuando no lo son, porque son el resultado de una decisión que tomamos.

Recuerdo el caso de un hijo sumamente tirano, para quien nunca haber vivido las consecuencias de sus actos realmente arruinó su vida. Conocí a sus padres cuando fueron mis alumnos en un curso y después como mis pacientes esporádicos. Tenían a ese tremendo tirano adolescente que sobreprotegían de manera impresionante. Ambos padres eran ejecutivos muy exitosos y con mucho poder en la importante empresa donde trabajaban. Pero cuando se trataba de su función como padres, se volvían débiles e incapaces de manejar la situación.

Ese hijo tirano que los traía "volteados al revés" dejaba deudas por todos lados, que los padres terminaban pagando. También tenía la costumbre de ir a la oficina o a la casa de ciertos amigos de sus padres y les inventaba historias como éstas: les contaba que se había lastimado el pie y quería tomar un taxi para ir a su casa pero no traía dinero, o que le urgía en ese momento comprar un libro y su papá estaba en una junta, o que tenía que ir con el doctor porque sentía un dolor muy raro en el estómago y la oficina del papá le quedaba muy lejos, etc. Siempre terminaba el cuento asegurando al que le había pedido prestado el dinero que se lo devolvería cuanto antes. Por supuesto que no lo hacía. Los padres se enteraban porque el amigo en cuestión llamaba para preguntar cómo seguía el hijo, y de inmediato mandaban pagar la deuda. ¿Qué consecuencias había para el hijo? ¡Ninguna!

Un día le lanzó el pesado tapón de la olla exprés a su hermana, con la intención de darle en la cabeza. Por fortuna le falló la puntería (porque pudo haberla matado) y el objeto fue a dar a una enorme ventana que se hizo pedazos. ¿Consecuencias?, ¡Ninguna! En otra ocasión, en un arranque de furia, quebró todos los platos de una vajilla. ¿Consecuencias? ¡Ninguna! Un día, por manejar a exceso de velocidad, estrelló el coche contra un árbol. En esa ocasión sí hubo consecuencias, pero no las que te imaginas, sino que le compraron una pick up nueva que él escogió, porque el coche quedó inservible. Éstos eran eventos "especiales", pero la vida cotidiana de la familia era un constante recibir gritos, insultos y toda clase de agresiones y exigencias por parte de él.

Sus padres acudían a mi consultorio esporádicamente para tomar una o dos consultas, cuando había sucedido algo nuevo y "espectacular" que les preocupaba demasiado, o cuando estaban hasta el tope de las cosas que su hijo tirano "les hacía". Pero nunca llevaban a cabo las acciones y cambios que acordábamos; seguían sobreprotegiendo a su hijo y aguantando y resolviendo todas las barbaridades que cometía. Mis advertencias sobre el gran error que estaban cometiendo y lo que muy posiblemente sucedería con él en el futuro les parecían exageradas.

La tarde de un viernes llegaron a consulta sumamente preocupados porque su hijo estaba en un "apartado" de la procuraduría y se quedaría ahí durante todo el fin de semana. Resulta que el muchacho estaba quitándole unas piezas a la motocicleta de un vecino cuando pasó una patrulla y lo arrestó. El vecino, conmovido por las súplicas y las lágrimas de los padres, pidió que no se levantaran cargos, pero de todas maneras, por cuestiones administrativas, se quedaría ahí todo el fin de semana. Justo después de la consulta, el papá planeó "sobornar" a quien fuera necesario, no importando lo que costara, para que liberaran a su hijo de inmediato.

Yo les dije de una manera muy firme y hasta cruda: "¡déjenlo ahí el fin de semana! ¡Es necesario que por una vez viva las consecuencias de sus actos! ¡¿No ven lo que están creando?!" Pero respondieron que no podían hacerlo. ¡Pobrecito, cómo lo iban a dejar dos días en ese horrible lugar! Por enésima vez, yo les dije, expliqué e insistí tan claro como fui capaz, sobre el gran error que estaban cometiendo en la manera que sobreprotegían a su hijo y las posibles cosas, mucho peores, que le esperaban en el futuro; les hice ver que ellos no querían entenderlo, ni hacer los cambios que eran urgentes. Pero me topé con una absoluta cerrazón y nula disposición.

En ese momento tomé una decisión que cualquier psicoterapeuta que se precie de serlo debe tomar en ciertos momentos. Les dije que no estaba dispuesta a jugar su juego, que por favor ya no acudieran a consulta conmigo, a menos que estuvieran decididos a tomar su responsabilidad en el asunto, a cumplir con los acuerdos que hacíamos y los planes de acción que generábamos. Les pregunté si estarían en disposición para comprometerse con eso, en cuyo caso los seguiría atendiendo con mucho gusto; pero si sólo buscaban un oído que escuchara sus quejas y lamentos sobre su hijo, yo no sería ese oído.

Cuando un terapeuta entra en el juego patológico del paciente, se convierte en lo que en psicoterapia llamamos *terapeuta homeostato*, porque en lugar de ayudar al paciente a romper el patrón enfermizo en el que se encuentra atrapado, de alguna manera se vuelve parte de él y lo refuerza.

Dejé de verlos durante unos siete años, en los que su hijo adolescente se volvió adulto, terminó su carrera en un área administrativa y entró a trabajar en una compañía con mucho futuro.

Un día, mi secretaria me comunicó que se encontraba al teléfono un hombre que se oía muy angustiado y que insistía en que le urgía hablar conmigo. Tomé la llamada y era el padre, quien llorando me suplicó que les diera a él y a su esposa la oportunidad de ir a una consulta. Yo acepté verlos ese mismo día cuando terminara con los pacientes que ya tenía programados.

Cuando abrí la puerta de mi consultorio para recibirlos, los dos se lanzaron sobre mí bañados en lágrimas y me abrazaron muy fuerte mientras repetían una y otra vez: "¡por qué no te hicimos caso! ¡Por qué no te hicimos caso!" El hijo estaba en la cárcel, esta vez por ocho años. Unos días antes se había dictado la sentencia... era un hecho. Tenía sólo unos cuantos meses de haber ingresado a trabajar a una empresa, donde falsificó la firma de unos cheques y cometió otro fraude que en este momento no recuerdo.

¡Cómo me dolió enterarme de esto! ¿Se pudo haber evitado? Yo creo que sí. A veces me he preguntado cómo hubiera cambiado esta historia si a ese hijo se le hubieran puesto límites y reglas bien firmes y claras y se le hubiera permitido vivir las consecuencias de sus actos desde el principio.

Padres y madres, ¡entendamos que nadie va a aguantar y solapar las barbaridades de nuestros hijos tiranos como nosotros lo hacemos! Cuando salgan a la vida real, se toparán con gente que no les tolerará sus abusos y los resultados serán muy dolorosos. El joven de este caso, al salir del "mundo ficticio" en el que se encontraba, bajo la sobreprotección de sus padres, se topó con un jefe que no estuvo dispuesto a tolerarle ni solaparle sus abusos, como sus padres siempre lo hicieron. ¡Y miren las consecuencias!... ¡Así es la vida real!

Permitir que nuestros hijos —de cualquier edad—vivan las consecuencias de sus actos y decisiones es uno de los mejores regalos de amor que podemos darles. Es como equiparlos con una poderosa herramienta que los protegerá y les servirá muchísimo en la vida; es como darles un hermoso tesoro que les traerá más tesoros de todo tipo. ¿Quién no desea todo eso para sus hijos?

5

Los hijos débiles/dependientes

Tal como lo explicamos con anterioridad, ésta es la otra faceta que puede tomar la sobreprotección hacia un hijo: convertirlo en un ser débil, dependiente, inseguro, incapaz de solucionar problemas, de enfrentar retos y, en pocas palabras, de hacerse cargo de su propia vida.

Los padres de estos hijos constantemente les solucionan, les allanan el camino para que lo transiten cómodamente, hacen todo por ellos y les dan más de lo que es sano o de lo que ni siquiera necesitan.

Hace un par de días impartí un curso para los padres de una institución educativa. Eran 37 parejas jóvenes, con hijos desde nivel preescolar hasta sexto de primaria. Para la hora de la comida, las autoridades del colegio organizaron una agradable convivencia a la cual invitaron a los hijos de todos los asistentes.

Durante la sobremesa, una niña de 6 años se acercó a sus padres y les dijo: "pónganme los zapatos". La mamá le dijo a su marido: "pónselos tú". Enseguida el esposo respondió: "¡ah no!, ¡yo la cuidé ayer toda la tarde, te toca a ti!" "Pero yo la cuido más tiempo que tú siempre, ¡así que tú pónselos!", respondió la mamá. Así estuvieron unos minutos, en ese estira y afloja, mientras la niña movía su mirada del uno al otro, atenta y expectante para ver cuál sería el resultado. Finalmente la mamá terminó poniéndole los zapatos a su niña. La mayoría de las parejas que observaron la situación empezaron a manifestar todo tipo de reacciones, de manera discreta.

Al regresar al salón, ya sin hijos, para continuar con la segunda parte de nuestro curso, le pedí permiso a la pareja que había sostenido dicha discusión de utilizar su caso para revisar importantes aprendizajes que podríamos obtener de él. Aceptaron generosamente. Así que, una vez que se hubo narrado el caso para que lo conocieran los que se lo habían perdido, lancé la siguiente pregunta: ¿qué ven ahí?

Comenzó la lluvia de opiniones, impresionantemente parecidas, que iban desde: "no deberían discutir respecto a quién debe atender a la niña, en lugar de ello deberían hacer acuerdos y negociar al respecto", hasta: "su hija se debió haber sentido muy mal de que ninguno de los dos quisiera atenderla".

¡37 parejas!... ¡y ninguna de ellas notó esto!: ¡una niña de 6 años puede ponerse los zapatos sola!... ¡Tiene toda la capacidad de hacerlo! El asunto a aprender aquí no es si los padres actuaron bien o mal, sino la alarmante realidad de que la niña de 6 años pide a sus padres que le pongan los zapatos —posiblemente porque le es más cómodo que ponérselos sola— y de que sus padres lo toman como algo adecuado y natural, por lo que no se les ocurre siquiera pensar en decirle: "hija, hermosa, tú puedes ponerte los zapatos sola. Házlo tú". Simplemente, este proceso mental no está en su "catálogo" de cómo educar a su hija.

Cuando planteé estas reflexiones al grupo, fue como una sorprendente revelación para todos. Al parecer, la idea de dejar que los hijos hagan por sí mismos lo que pueden, en lugar de hacerlo por ellos para que no se incomoden, tampoco estaba en su "catálogo" de educación de los hijos. Y la alarmante realidad es que este tipo de cosas suceden todo el tiempo. Adonde volteemos las encontramos. Facilitarles todo a los hijos, reforzar la flojera que les da hacerse cargo de sus cosas y "obedecerles" en lugar de decirles "hazlo tú, porque tú puedes hacerlo" es el pan de cada día.

Esto da como resultado hijos comodinos, manipuladores y atorados en una tediosa inercia que, a mi parecer, los desmotiva y les quita la chispa de la vida.

Hace poco una amiga me contó que tenía varios días pensando en qué regalo le compraría a su sobrina que pronto cumpliría 10 años, y para ello le pidió sugerencias a la mamá, el papá y los hermanos de la festejada. Nadie pudo darle una respuesta. A mi amiga le impresionó darse cuenta de que la niña no necesitaba nada, no tenía ganas de nada, porque tenía de todo y mucho: muchas muñecas de todos los lugares del mundo, mucha ropa, alguna todavía sin estrenar, muchos zapatos, muchas bolsitas, muchos libros, casi todos sin leer, muchos accesorios, muchos juguetes, sencillamente mucho de todo lo que a una niña de esa edad le puede interesar, y de las marcas más "codiciadas" por sus coetáneas.

El día de la fiesta, mi amiga se impresionó aún más al ver que la niña abrió cada uno de sus regalos sin mostrar ningún tipo de ilusión, sorpresa o motivación. Cada regalo era una más de las tantas cosas que ya tenía. ¡Qué triste debe de ser no tener ganas de nada! ¿No lo crees? Ninguna motivación, ninguna ilusión.

Traspolando este caso a cualquier edad, ése es más o menos el esquema que rige la vida de todo hijo sobreprotegido: el aburrimiento, el tedio existencial de no haber experimentado el sudor del esfuerzo, la satisfacción del logro, la ilusión por alcanzar ciertas metas.

Los hijos débiles dependientes, al igual que los hijos tiranos, existen de todas las edades y tienen también una baja autoestima.

Es muy común que en el caso de padres divorciados, la madre —que normalmente es quien vive con los hijos— tienda a sobreprotegerlos y haga todo por ellos; no les pide ningún tipo de cooperación en casa y no establece ninguna clase de límites o reglas. Esto, debido a la culpa por haberse divorciado y al deseo de que sufran lo menos posible y hacerles la vida lo más fácil posible. ¡Cuidado con esta actitud! Es un hecho innegable que los hijos sufren en una situación de divorcio (muchos también sufren justamente porque sus padres siguen casados), pero así les tocó, ¡qué triste, qué lamentable! Pero es lo que les toca vivir y nunca debe ser un motivo para sobreprotegerlos.

Un amigo estaba indignado y enojadísimo con su hermana divorciada por "el montón de buenos para nada" que estaba creando, afirmó refiriéndose a los tres hijos adolescentes que ella tenía. Esta reacción tuvo mi amigo después de ir a visitar a su hermana cuando se estaba cambiando de casa para echarle una mano. "Martha..." me dijo furioso, "¡mi hermana cargando cajas, empacando cosas, moviendo muebles y el montón de buenos para nada sentadotes nada más observándola, o echados en la cama viendo televisión!" Como mi amigo es de armas tomar, le dijo a su hermana justamente lo que pensaba de sus hijos y que en ese momento los iría a regañar y a ponerlos a trabajar para ayudarle a su madre. Su hermana le contestó: "no lo hagas, déjalos... los pobres ya pasaron por mucho con el divorcio", el cual por cierto había sucedido ¡hacía ya cuatro años!

¡¿Por qué será que los padres no entendemos la trascendencia de estas actitudes de sobreprotección?! ¡Es tan claro! ¿Qué va a pasar con estos hijos cuando se enfrenten a la vida real siendo tan "buenos para nada", como dice mi amigo?

Lo que la experiencia nos indica es que se van a desarrollar una de estas posibilidades:

- Se quedarán toda la vida al lado de sus padres como si fueran niños pequeños, para que los sigan manteniendo y dándoles todo.
- Se irán físicamente del lado de sus padres, pero mantendrán este rol de niños pequeños, lo que significa que los padres les seguirán dando dinero, solucionarán sus problemas y se harán cargo de sus responsabilidades, porque los hijos fracasan en todo, no tienen dinero, no pueden solos.

Si se quedan o se van es lo de menos, lo que hay que hacer notar aquí es que fracasan, no pueden con sus responsabilidades como los adultos que ya son. Y ese fracaso no sólo se refleja en asuntos de dinero y cosas materiales, sino en su incapacidad general para comprometerse y responder a una relación de pareja, de trabajo y en todos los aspectos de la vida. Aun cuando ya se han casado, muchos padres siguen dándoles todo a sus hijos y haciendo las cosas por ellos, desde comprarles coche hasta pagar las colegiaturas de sus nietos.

Hace poco asistí a una conferencia en la que el expositor era un ejecutivo de primer nivel, maduro, inteligente y con mucha experiencia en el mundo de los negocios. En un momento dado, el conferenciante sugirió que los padres deberíamos hacer planes a futuro con nuestras finanzas para destinarlas a diversas metas prioritarias en la vida, entre ellas para comprar una casa a cada uno de nuestros hijos y para pagar los estudios de nuestros nietos… ¡¿Qué?! dije para mis adentros al oír esto. Estaba en total desacuerdo con esta recomendación.

En algunos momentos de su vida, todos los hijos de cualquier edad necesitan apoyo de sus padres, a veces moral o emocional y a veces material. Pero una cosa es que en esas etapas de su vida y en la medida de nuestras posibilidades, los padres apoyemos a nuestros hijos para que puedan realizar un sueño, para comprar un coche o una casa o para resolver un problema de cualquier índole y otra cosa muy diferente es que nos echemos a cuestas las responsabilidades y compromisos que a ellos les corresponden, como si fueran nuestros. Lo primero es parte de nuestro amor por ellos, lo segundo es sobreprotección.

Otra faceta de la sobreprotección, que es muy común encontrar, es la relacionada con asuntos de la escuela. El niño no anotó la tarea y entonces mamá le llama a algún compañerito para preguntarle, porque ¡cómo se va a quedar su hijo sin hacer la tarea! Al niño se le olvidó el libro del que tenía que copiar los problemas; entonces mamá le llama a la mamá del compañerito para pedirle que le preste el libro y va hasta su casa por él. El niño con frecuencia olvida en casa la tarea o los trabajos escolares y mamá corre a llevárselos a la escuela para que no le pongan mala nota. El niño está a punto de reprobar el año y los padres acuden con el director a suplicarle que le dé otra oportunidad a su hijo, asegurándole que mejorará sus notas y negociando toda clase de compromisos con el director, compromisos que no les toca a ellos hacer, sino a su hijo. Está muy bien si un hijo que se halla a punto de reprobar el año va a hablar con el director y los maestros, platica con ellos y les pide la oportunidad de hacer tal o cual cosa para que no lo reprueben, pero es el hijo quien está tomando la responsabilidad y quien debe asumir sus propios compromisos, no sus padres.

Detrás de la sobreprotección, cualquiera que sea la faceta que tome, hay una creencia en los padres de que su hijo es incapaz, no puede, no sabe; por eso tienen que hacer todo por él. Ellos están convencidos de esto y el hijo sobreprotegido recibe ese mensaje y llega al convencimiento de que, en efecto, no sabe y no puede. Tener este concepto de sí mismo es una poderosa razón por la que a los hijos sobreprotegidos no les va bien en la vida.

"Da a un hombre una autoimagen negativa y acabará fracasando", afirma Schüller.

Otra faceta que tiene que ver con la convicción de los padres de que el hijo no es capaz se manifiesta en el excesivo control sobre él, no importa su edad: vístete así, llámale y dile tal cosa, come ya, ponte el suéter, como si el hijo fuera tan bruto como para no ponerse el suéter si tiene frío o comer si tiene hambre, como si fuera incapaz de saber qué decir en esa llamada telefónica o decidir por sí mismo cómo vestirse.

Conozco a un hombre casado de 43 años, cuyo padre lo ha sobreprotegido toda la vida; cada vez que el hijo y su esposa salen de viaje en el coche, el padre le llama para indicarle que le cheque las llantas que deben estar a tal presión, que revise el aceite de tal forma y que no se le vaya a olvidar ponerle gasolina.

¿Qué hay en el fondo de estas repetitivas recomendaciones? La convicción de que el hijo, a sus 43 años, no es capaz de hacerse cargo de esos asuntos. Y éstas son sólo algunas de las muchas y frecuentes indicaciones y "ayudas" que el padre le da a su hijo, sobre toda clase de temas, que incluye el del dinero, porque su cuarentón cachorro siempre está en la ruina.

Hace poco fui a consulta con un doctor amigo mío; al terminar me preguntó si estaba escribiendo algún nuevo libro. Le respondí que sí, que estaba escribiendo sobre los hijos sobreprotegidos. "Ah yo tengo un caso muy cercano que es un perfecto ejemplo de esto", me dijo. Luego continuó platicándome que su ex esposa tiene un hermano de 50 años, que todavía vive con sus padres, que lo mantienen y hacen todo por él. Cuando la ex esposa le reclama a sus padres que a ella no le ayudan ni le dan dinero como a su hermano, ellos responden: "entiéndelo, ¡es que tú puedes, él no puede!" "¿Está discapacitado, enfermo, retrasado mental o algo así?", pregunté tratando de entender la razón del por qué el hombre "no puede". "¡No! ¡Está en perfectas condiciones físicas y mentales, nada más es un flojo mantenido!", me respondió el doctor.

Yo salí del consultorio de mi amigo con una sensación extraña, como si tuviera una espina clavada que me aguijoneara la dignidad. Y de manera espontánea y automática me salió de la boca esta expresión: "¡qué manera de ofender a un hijo, afirmando que 'no puede'!" ¡Ésa es una de las peores ofensas que un padre puede hacer a un hijo! Tal vez los padres inconscientemente han necesitado convencerlo de que "no puede" para mantenerlo con ellos, dependiente y necesitado como un niñito, y así los siga acompañando toda la vida.

Tengo la impresión de que los hijos sobreprotegidos, cuando son débiles/dependientes, si se casan, lo hacen con personas que los tratan mal, que abusan de ellos. No estoy tan segura de que esto sea verdad en todos los casos, pero en muchos que conozco de cerca he comprobado que lo es. Tal vez quieras observar a tu alrededor y comprobar si esto sucede con las personas sobreprotegidas, cercanas a ti. Desde mi punto de vista, esto se debe a dos razones: por una parte, el hijo sobreprotegido inconscientemente se sentirá atraído a una persona que le proporcione el mismo patrón de relación que tuvo en su hogar, puesto que es "el único paso que sabe bailar". Y si en el fondo, como lo explicaré más adelante, la sobreprotección es una forma de abuso, entonces "buscará" a un abusador. Por otra parte, en los hijos sobreprotegidos hay una culpa constante, inconsciente pero muy fuerte, porque a ellos se les ha dado más que a sus hermanos, y si recordamos que cuando hay culpa tendemos a compensarla, tener un cónyuge que les maltrate será una manera segura de lograrlo.

Conozco muy de cerca a una mujer que actualmente tiene unos 65 años. Fue la hija más sobreprotegida del planeta, hasta que sus padres murieron cuando ella tenía 35 años, dejándole el 90% de su fortuna —que era muy vasta— para que nunca sufriera por falta de dinero ni tuviera que trabajar. "Tú nunca debes trabajar, tú eres una reina", su padre le dijo muchas veces, toda la vida desde que era una niña pequeña. Sus cinco hermanos y su otra hermana sí tuvieron que trabajar, muy duro por cierto, para cumplir las altas expectativas de su severo padre.

Su madre murió y alrededor de dos años después su padre. Al paso de un año, la reina se casó con quien parecía ser un rey, pero acabó siendo una bestia. Se acabó su fortuna y la maltrató física y emocionalmente a lo largo de los 30 años que duraron casados, hasta que ella acabó en un hospital psiquiátrico, totalmente desconectada de la realidad. La historia de esta mujer es muy triste. La reina acabó siendo esclava, incapaz de poner límites a la bestia o de tomar la decisión de dejarlo; incapaz de defenderse; incapaz de decirle NO cuando él le pedía que firmara ciertos papeles para vender sus propiedades; incapaz de cambiar su insoportable realidad, de la cual mejor se desconectó porque no pudo tolerarla. ¿Por qué? Porque nunca se convirtió en un adulto maduro y fuerte, porque siempre fue una niña débil y dependiente. ¿Por qué? Por la sobreprotección de sus padres que le mutilaron sus recursos internos y su capacidad para crecer.

En otra familia que conozco de cerca, el padre —quien amasó una muy buena fortuna trabajando duro— decidió que le pondría un negocio a su único hijo y le regalaría una casa para que no pasara por lo que él pasó. En menos de un año, su hijo llevó el negocio a la quiebra. El padre le puso otro, que pronto fue también un rotundo fracaso. Para ocultarlo, el hijo hipotecó la casa para que con ese dinero pudiera "tapar los agujeros" del negocio e hizo una serie de movimientos que en corto tiempo lo ahogaron hasta el cuello y tuvo que confesarle todo a su padre. Él lo sacó del problema y le puso otro negocio. Finalmente, el padre murió. Como era de esperarse, el hijo se gastó la jugosa herencia en un dos por tres y terminó trabajando como intendente en un hospital —todavía trabaja ahí— para poder mantener a sus hijos. No tiene nada de malo ser intendente, es un trabajo digno como todos, pero lo que quiero destacar aquí es que es una lástima observar la manera en que desperdició la fortuna que recibió como herencia y las múltiples oportunidades que tuvo para establecer un próspero negocio.

Hace poco, un hombre que es un profesionista triunfador me comentó: "fíjate, Martha, cuando yo era joven tenía que caminar un kilómetro diario de ida y otro de regreso para ir a la universidad. Ahora estoy súper endeudado, porque le compré un coche a cada uno de mis hijos, para que ellos no tengan que caminar como yo lo hice para ir a la universidad. Y coche nuevo, porque les da vergüenza andar en coches viejos. A ratos me da coraje conmigo mismo porque pienso: ¿qué tiene de malo caminar? ¡Trae puras cosas buenas!" Yo le respondí que estaba de acuerdo con sus reflexiones y concluí: "estoy segura de que esas caminatas diarias contribuyeron a que seas la persona que eres actualmente".

Qué gran error cometen muchos padres cuando les dan a sus hijos en charola de plata para que "no pasen por lo que ellos pasaron", sin darse cuenta de que es justamente lo que ellos pa-

saron —las luchas que enfrentaron y los obstáculos que vencie-
ron— lo que los convirtió en seres fuertes, listos y exitosos. Al
darles todo "masticado y asimilado" para que no se esfuercen,
los "castran" psicológicamente y no les permiten desarrollar sus
capacidades y recursos internos. Por eso se vuelven dependientes
y débiles, timoratos e inseguros.

No prives a tus hijos del gozo y la satisfacción de luchar y de
lograr. Es algo a lo que tienen derecho, no se los quites haciéndolo tú por ellos.

Algunos hijos sobreprotegidos logran "rescatarse a sí mismos"
y salirse de la "cárcel de oro" construida de falsas e ilusorias comodidades... ¡y a veces pagan un alto precio!: la desaprobación
y el rechazo de sus padres que los consideran ingratos, egoístas y
hasta tontos.

En un caso de este tipo al que me acerqué recientemente, el
hijo sobreprotegido de 33 años dijo a sus padres que comenzaba
a sentirse muy incómodo de que ellos lo mantuvieran y había
decidido empezar a trabajar, a mantenerse a sí mismo y en uno
o dos meses buscaría su propio lugar donde vivir. La respuesta
del padre fue: "¡uh, no vas a poder... ya verás que vas a regresar
pidiéndome ayuda más pronto de lo que te imaginas!" En este
caso el padre, en lugar de motivar a su hijo, le cargó encima una
suerte de "maldición". Salirse de ella sin permitir que su decreto
le afectara requirió una gran fuerza interior y convicción de parte
de este joven, quien por fortuna la tuvo, porque estaba decidido a
llevar a cabo su nuevo proyecto de vida; y el poder de la voluntad
y la intención es inconmensurable.

Hace algunos años acudió a mi consultorio una familia com-
puesta por los padres y tres hijas, de 28, 25 y 18 años, respecti-
vamente. Eran agricultores y vivían en un pequeño pueblo donde
los jóvenes sólo podían estudiar hasta la preparatoria. La hija de
25, que por años estuvo feliz viviendo en su "jaula de oro" y recibiendo todo sin ningún esfuerzo, ahora sentía enormes deseos
de estudiar medicina para después trabajar en el área relacionada

con ésta. Sus anhelos bullían con fuerza en su corazón, que le pedían a gritos satisfacerlos. Pero sus padres se resistían a dejarla salir del pueblo para mudarse a la ciudad, aunque ésta quedaba a sólo dos horas y media de distancia. "Aquí tiene todo", afirmaba el padre: "comodidades, servidumbre, dinero; y cuando yo me muera van a heredar todas mis tierras, además de otras propiedades y los jugosos ahorros que tenemos en el banco. ¿Para qué quiere irse a batallar con estudios y todas las incomodidades que habrá de vivir fuera de casa?"

Era muy difícil hacerle entender al padre ese asunto de los anhelos del corazón, que para él no eran más que tonterías y excusas para irse. La hija se estaba volviendo amargada y triste, como se vuelve todo aquel que está reprimiendo sus anhelos y acallando los gritos de su corazón que le piden satisfacerlos. Esta actitud de la hija no les gustaba a sus padres en absoluto, pero no podían relacionarla con el tema de sus deseos reprimidos. Aunque la joven estaba decidida a irse a estudiar, a costa de lo que fuera, deseaba más que nada tener la "bendición" de sus padres, porque el irse "a la mala" y dejarlos enojados la hacía sentirse demasiado triste y con miedo a fracasar por ese motivo.

Debido a que el padre había sido agricultor por muchos años, tenía una profunda relación con la tierra, las plantas y todos los procesos relacionados con la siembra y la cosecha. Por tal razón, decidí usar esa metáfora para ayudarlo a entender la situación por la que pasaba su hija. Le pedí que me explicara paso a paso el proceso de siembra y cosecha del maíz, que era su principal fuente de trabajo e ingresos. Me lo explicó con enorme entusiasmo, como lo hacemos todos cuando se trata de hablar de algo en lo que somos expertos.

Cuando dentro de su relato llegó al periodo de la cosecha, lo interrumpí en los momentos que consideré cruciales, haciéndole preguntas que de una manera indirecta lo llevarían a "darse cuenta" de la situación de su hija: ¿cuándo es el momento adecuado de cortar las mazorcas?, ¿qué signos son los que le hacen saber que ya es el momento?, ¿qué pasa si las deja pegadas a la planta más tiempo del adecuado?, ¿para qué van a servir si se echan a perder por no haberse cortado a tiempo?, etc. Yo percibía en la actitud del padre un cierto grado de introspección, pero todavía en un nivel inconsciente. Entonces me aventuré a hacerle una pregunta que quizá iba a parecerle verdaderamente cursi y absurda, pero que si le tocaba el corazón, produciría en él un mágico cambio de percepción: "de acuerdo con su experiencia, ¿cómo cree usted que se sienta una mazorca que no fue retirada a tiempo de la planta y, por lo tanto, se echa a perder y no cumple la función para la que fue creada?"

El hombre se quedó en un solemne silencio por unos momentos y luego, con una voz casi inaudible, respondió: "¿usted cree que así se sienta mi hija?"; "sí, estoy segura de que así se siente", contesté. Siguió en silencio unos momentos más y vi cómo se le rasaron los ojos con unas lagrimitas que se esforzó en ocultar, volteando rápidamente hacia otro lado. Terminamos esa sesión sin decir más, porque no era necesario. El aire estaba cargado de emoción.

Unos días después, los padres viajaron a la ciudad con su hija, para ayudarla a buscar el lugar adonde viviría. Le dieron su bendición y se fue a estudiar. Ahora es una pediatra feliz, que sonríe todo el tiempo.

¿Qué es lo que hace que algunos hijos sobreprotegidos se queden toda su vida jugando ese rol y otros decidan romperlo? El yo interno fuerte o no. La tela interior de la que están hechos. Quienes deciden romperlo y obedecer a su llamado interior de crecer pagan un alto precio; pero lo pagan con gusto.

LAS PAREJAS SOBREPROTEGIDAS

En muchas familias lo que hay no son hijos sobreprotegidos, sino parejas sobreprotegidas. Es decir, el hijo o la hija ya se han casado y aun así los padres de uno de ellos (o de ambos) siguen manteniéndolos, solucionándoles todo y absorbiendo sus responsabilidades y compromisos.

Unos padres se quejaban el otro día de su hijo casado y la esposa de él y me decían que son como un par de niños irresponsables. "¡Cuándo irán a madurar!", imploró el padre mirando hacia el cielo. "Cuando ustedes se los permitan", le respondí yo con la seguridad que me proporcionaba la lista que me acababan de enumerar de todas las cosas que el hijo y su esposa hacen y ellos les resuelven.

En cierta ocasión, al terminar un curso para maestros que impartí, un maestro se acercó a mí y me contó que estaba exhausto y agobiadísimo porque desde hacía un año —cuando su hija se había casado—comenzó a trabajar dos turnos, para poder mantener a su propia familia y también a su hija y su esposo. "No sólo les doy dinero para la comida y la renta, sino que además, como se echan compromisos de cosas que compran a crédito, yo soy el que termino pagando las mensualidades", me contó con una mezcla de cansancio y molestia. Una vocecita interior que ya se había convertido en grito le demandaba soltar ¡ya! esa responsabilidad que no le correspondía. Me dijo que había pensado en decirles que nada más los mantendría tres meses más y a partir de entonces, ellos se harían responsables de su vida. Me pidió mi opinión sobre esas medidas que pensaba tomar, porque tenía miedo a equivocarse y ser un "mal padre" si las llevaba a cabo. Por supuesto mi opinión coincidió con la de él. Soltó un largo y profundo suspiro y dijo: "Con sólo pensar en que ya no tendré esa responsabilidad sobre mis espaldas, me siento aliviado".

Cuando los padres toman este rol con sus hijos casados, no se trata de que los jóvenes estén enfermos, discapacitados, ni nada por el estilo, sino que el marido no gana suficiente dinero, o no conserva ningún empleo o simplemente no trabaja. No tienen la ambición de crecer o de lograr metas porque ni siquiera se las plantean. ¿Y para qué?, ¡si papi y mami se encargan de todo!

Aunque ya estén casados, siguen siendo unos niños que no acaban de convertirse en adultos y comportarse como tales, porque la estorbosa "ayuda" de los padres se los impide.

Ojalá los padres de los hijos sobreprotegidos pudieran ser inmortales, porque cuando ya no estén junto a ellos, no quiero ni imaginar lo que les espera... Aunque les hereden una gran fortuna, se la acabarán en menos de lo que dura un suspiro. Y por todos lados hay historias que comprueban que esto es verdad.

"Lo que habéis heredado de vuestros padres, volvedlo a ganar a pulso o no será vuestro", dice Goethe.

Otra manifestación que toma este asunto de las parejas sobreprotegidas es el excesivo control de los padres sobre la joven pareja, que se expresa en temas que solamente competen y debe resolver la joven pareja, como la educación de sus hijos, la toma de ciertas decisiones y hasta el acomodo de sus muebles. Y con la intervención de sus padres, supervisión y control, los hijos no pueden aprender ni madurar, no serán capaces de desarrollar y entrar en contacto con su propia sabiduría y guía interior, porque afuera hay mucho ruido: las voces de sus padres que les mandan este mensaje: "tú no sabes, tú no puedes, por eso lo hago yo por ti".

Si quieres que tus hijos sufran en la vida más de lo necesario, si quieres que se sientan inferiores y fracasados... ¡adelante! ¡Sigue sobreprotegiéndolos!

LAS CONSECUENCIAS "INVISIBLES DE SOBREPROTEGER A UN HIJO"

En el apartado anterior hablamos de las consecuencias "invisibles", pero muy poderosas, que acarrea el permitir a un hijo tirano maltratar a sus padres: interrumpir el flujo de amor y vida que proviene de nuestros antecesores. El hijo sobreprotegido en su faceta de débil/dependiente también sufre estas perjudiciales consecuencias, que le afectan no sólo a él, sino además, a las generaciones venideras.

En el caso del hijo tirano, como ya lo mencioné, es éste quien detiene ese flujo de amor y vida porque no lo recibe, porque se pone en "contra" de sus padres, que son la fuente y los transmisores del flujo. En el caso del hijo débil y dependiente, son sus padres quienes no transmiten ese flujo de amor y vida, ya que al considerar a su hijo incapaz y débil, no llevan a cabo la sagrada función que todo padre debe realizar: darle el "espaldarazo".

En la Edad Media, el "espaldarazo" era un solemne ritual que se llevaba a cabo cuando se reconocía la investidura y competencia a la que había llegado un caballero. Consistía en un ligero golpecito en el hombro y la cabeza, que con su espada le otorgaba la reina, el rey o "su padrino" (quien siempre era un personaje poderoso e importante por sus logros). Significaba el reconocimiento de sus méritos y su capacidad, así como ayuda, empuje y apoyo para el logro de sus hazañas. Al recibir el "espaldarazo", el caballero pasaba a un nuevo estatus o nivel.[1]

Los padres que sobreprotegen a sus hijos no les reconocen su competencia; al contrario, los consideran incompetentes. Por esta razón, no los honran con el reconocimiento a su capacidad para salir a la vida y valerse por sí mismos. Si un padre no le da el "espaldarazo" a su hijo, no le transmitirá ese flujo de amor y vida y el hijo, a su vez, no podrá transmitirlo a sus descendientes, puesto que él mismo no lo posee.

La famosa película *La guerra de las galaxias* presenta una hermosa metáfora de la vida: el momento en que Obi-Wan Kenobi (símbolo del padre) le entrega "la fuerza" a Luke Skywalker (símbolo del hijo) y le dice: "¡que la fuerza te acompañe!" Los hijos más afortunados en la tierra, ya sean bebés o adultos, tienen padres que en los momentos adecuados de su existencia les

---

[1]En la actualidad se utiliza el término "espaldarazo" para reconocer los méritos y habilidades de una persona en su profesión o en la actividad que realiza, así como para referirse a la ayuda o empuje que recibe una persona en su trayectoria hacia un determinado fin social o profesional.

dirán: "¡que la fuerza te acompañe!" Y en todos los momentos cruciales de su vida, el hijo escuchará en su corazón la voz del padre que le recuerda: "¡la fuerza te acompañará siempre!"

Sólo un padre que confía en su hijo puede investirlo con semejante bendición construida de amor y confianza que permita al hijo lanzarse a la batalla de la vida para lograr sus propias conquistas, explorar sus propios territorios y abrir sus propios caminos por senderos nunca antes transitados. Porque el sendero individual no es en el que ya anduvo alguien, sino el que uno mismo abre, paso a paso y nadie más lo puede trazar, ni transitar. Ése es el sendero que conduce a los sueños realizados, al gozo y la satisfacción profunda con la propia vida.

El corazón y la mente de un hijo necesitan la bendición de sus padres, su "espaldarazo", su "¡que la fuerza te acompañe!", porque salir a la batalla de la vida sin ello, asusta; y aunque triunfar siempre es posible, será sin duda mucho más difícil. Para que suceda esa transmisión del padre hacia el hijo, es indispensable que crea en él, lo cual no sucede cuando existe una relación de sobreprotección.

Así también, los padres de hijos sobreprotegidos tienden a descalificarlos constantemente, porque no creen en ellos, no confían en que saben y pueden. En todas las edades y en todos los asuntos de la vida, que van desde el más simple, como podría ser cambiar un foco, limpiar un juguete o picar un jitomate, hasta el más complicado como tomar una decisión delicada, sus padres los supervisan y controlan muy de cerca, indicándoles cada paso que deben dar, cómo darlo y hacia qué dirección, porque no confían en que son capaces de hacerlo por sí mismos. Los hijos reciben el mensaje bien claro: "tú no sabes, tú no puedes, no confío en ti", y terminan "obedeciendo" esa profecía, ese poderoso decreto que proviene de sus progenitores, convirtiéndose en seres, que, en efecto, no saben y no pueden.

Con anterioridad mencioné que muchos padres nombran a su hijo tirano con el apelativo "papá" o "mamá" y con todas las variantes que estas palabras puedan tener. Así también, muchas madres (es más común en las madres que en los padres) llaman a sus hijos hombres sobreprotegidos, "mi bebé", o a las mujeres "las niñas", aun cuando ya sean adultos. ¡Por favor, señoras! Recordemos que la manera en la que llamamos a alguien —su nombre— es un decreto. No nos asombremos de que "mi bebé" y "las niñas" se comporten como tales aunque ya no lo sean.

Y así como los padres de hijos tiranos se colocan en la postura de víctimas y se quejan de todo lo que sus hijos les hacen, sin entender que ellos crearon al "monstruo", de igual manera los padres de hijos débiles y dependientes se quejan de ellos, los critican, se sienten decepcionados de lo buenos para nada que son y de que no satisfacen sus expectativas, sin reconocer que ellos son responsables de esto, por haberles dado todo masticado y asimilado.

¡Qué injusto! Los padres de hijos sobreprotegidos primero los echan a perder convirtiéndolos en tiranos o en débiles dependientes, y luego les reprochan lo "inadecuados" que son y se sienten decepcionados de ellos. ¡Por eso me duelen los hijos sobreprotegidos!

El hijo de una pareja que conozco tiene 48 años. Los padres se han quejado toda la vida de lo inmaduro que es, de que sigue soltero porque no se quiere comprometer en ninguna relación, de que una maravillosa mujer que fue su pareja lo dejó porque no quiso comprometerse y de que a estas alturas a veces no tiene dinero ni para pagar la renta de su departamento, para la cual, por cierto, siempre terminan "prestándole" dinero para que lo haga. También lo critican porque todavía conserva su colección de canicas y ositos de peluche de todos colores y tamaños de cuando era niño. Un día me contaron con desilusión que la mencionada maravillosa mujer que lo dejó sugirió en una ocasión que regalaran los ositos de peluche a los niños pobres, y él le contestó furioso que primero se iba ella que sus ositos. He escuchado muchas discusiones entre los padres, la hermana y el susodicho; siempre, en algún punto de la discusión, los tres le dicen una y otra vez: "¡ya madura!... ¿cuándo vas a madurar?"

Pues bien, hace unos días me enteré de que fue el cumpleaños de este hijo y su mamá le regaló nada menos que un osote de peluche negro. Primero lo critican por inmaduro y luego refuerzan las situaciones por las cuales lo critican. Simple y sencillamente ¡increíble!...

CÓMO DEJAR DE SOBREPROTEGER A UN HIJO

> El último paso de amor parental implica soltar a sus amados hijos.
> Estar dispuestos a cortar el cordón que de otra manera los mantendría en un estado de dependencia emocional.
>
> LEWIS MUMFORD

He presentado casos "extremos" de hijos sobreprotegidos, tanto en su faceta de tiranos/dictadores como de débiles/dependientes, porque en los casos extremos se dibuja con claridad cada línea del retrato. Ello nos permite comprender con profundidad los conceptos y significados, sin que nos quede la menor duda. Encontramos estos casos extremos con mucha frecuencia y por todas partes.

No obstante, en muchísimos casos la sobreprotección se presenta en forma más sutil, como lo son también los comportamientos y rasgos de personalidad del hijo sobreprotegido tirano o débil. Sin embargo, tanto en los casos extremos como en los más sutiles, en el fondo se trata exactamente de lo mismo; lo único que es diferente es el grado de "gravedad" de la sobreprotección... las consecuencias... me temo que son las mismas.

Ojalá a estas alturas estemos convencidos de la importancia y la trascendencia que la sobreprotección tiene para la vida de nuestros hijos y la de las generaciones por venir. Ojalá estemos dispuestos a contemplar nuevos caminos y posibilidades para ayudarlos a volverse fuertes y responsables. Ojalá, sobre todo, estemos dispuestos a llevar a cabo las acciones necesarias para lograrlo.

En este espacio propongo algunas herramientas que pueden sernos útiles para alcanzar nuestra meta de dejar de sobreproteger a nuestros hijos, con los pies bien plantados en la convicción de que para lograr un cambio es necesaria la acción, que, como ya mencioné, es el vehículo de los cambios. Tu buena intención es un factor importantísimo, pero no es suficiente.

Recuerda también que cuando estamos convencidos de algo, llevar a cabo los cambios necesarios es mucho más fácil de lo que suponemos.

Scott Peck dice que cuando estamos listos para el cambio, prácticamente cualquier cosa lo provoca, y cuenta la siguiente historia:

"Un ministro estaba estrechando las manos de los miembros de la congregación en su iglesia protestante después de la ceremonia, cuando un hombre del extremo de la fila, al que había visto ocasionalmente, le dijo:

"—Reverendo, lo que usted dijo hoy en su sermón es exactamente lo que yo necesitaba escuchar. Muchas, muchísimas gracias, para mí fue de gran utilidad. Revolucionó mi vida. Gracias, muchas gracias.

"El ministro, bastante complacido, respondió:

"—Me alegra haber dicho algo que le resultara tan útil, pero ¿qué fue en particular?

"—Bueno —repuso el hombre— supongo que recuerda que comenzó su sermón diciendo que esta mañana deseaba hablarnos sobre dos temas, y luego en el medio manifestó: 'esto completa la primera parte de lo que quería decirles, ahora es tiempo de que pase a la segunda parte de mi sermón'. Y en ese instante comprendí que yo había terminado la primera parte de mi vida y que ya era hora de pasar a la segunda. Gracias, reverendo, gracias, muchas gracias."[2]

Confiando en que a estas alturas el tema que nos ocupa está más que comprendido y tan claro como el agua, te invito a que pasemos a revisar algunos "cómos" que nos permitan lograr nuestra meta de dejar de sobreteger a nuestros hijos.

AGUÁNTATE LAS GANAS

De decirle cómo, de hacerlo por él, de solucionarle el problema, de recordarle cumplir determinado compromiso. ¡Suéltalo! ¡Déjalo! Tal vez al principio no te será fácil hacer esto, pero créeme que es posible y, sobre todo, es necesario.

Este nuevo comportamiento de los padres, para algunos hijos sobreprotegidos será como una bocanada de aire fresco después de haberse sentido asfixiados; en otros provocará flojera y miedo al cortar el cordón umbilical que les proveía todo sin esfuerzo. No obstante, sea cual fuere la reacción emocional del hijo, es un proceso que superará y los resultados lo beneficiarán en la vida, más allá de lo que podemos imaginar.

HÁBLALES DE SUS RECURSOS

Ésta es la famosa "retroalimentación positiva" que es en verdad una herramienta de gran ayuda para lograr nuestra meta y para dejar de sobreproteger a los hijos. Consiste en algo tan simple como hablarles de sus cualidades y capacidades. La triste realidad es que los padres de hijos sobreprotegidos no creen ni confían en ellos, en lo que pueden y son capaces. Pero permítanme expresar una verdad que tiene que ser mostrada y defendida: están equi-

---

[2]Morgan Scott Peck, *El crecimiento espiritual*, Emecé, 1995, p. 174.

vocados; ¡su hijo puede! Aunque los padres no se lo crean, de todas maneras es sumamente importante que comiencen a hablar de ello, ya que de esta forma se recordarán a sí mismos que su hijo es capaz; y al mismo tiempo le ayudarán a recordarlo también, porque de tanto haber recibido el mensaje: "no puedes, no sabes", su hijo se lo ha llegado a creer.

Otra alternativa que les puede ser de utilidad es escribir una lista de las cualidades, habilidades, logros, etc., de su hijo, y leerla para ustedes mismos cada día o mejor varias veces al día, para que estén conscientes de que no tienen como hijo a un ser mutilado y nulificado, sino a uno con capacidades y recursos. Hay una ley universal llamada *ley de atracción* que decreta: "donde pones tu atención, se multiplica y refuerza". Pon tu atención en las fortalezas de tu hijo y con seguridad no sólo las reforzarás, sino que el hacerte consciente de que las tiene te ayudará a dejar de creer que no puede, no sabe y no es capaz y, como consecuencia, a dejar de sobreprotegerlo.

ESTABLECE REGLAS BIEN CLARAS Y FIRMES

> Ya sea que se les llame reglas o se les llame límites, las buenas tienen esto en común: sirven a propósitos razonables, son prácticas y están dentro de la capacidad del hijo; son consistentes y la expresión de una preocupación amorosa.
>
> FRED ROGERS

Hablé previamente con gran amplitud de la importancia de la disciplina en la vida no sólo para los hijos sobreprotegidos, sino también para todos los seres humanos y en todos los niveles de edades. La disciplina se lleva a la práctica a través del establecimiento de ciertas reglas relacionadas no sólo en situaciones de la vida cotidiana, como horas de llegar, días de salir, horas de ver televisión, hacer tarea, cooperar en casa, entre otras actividades, sino también en temas abstractos, como ciertas conductas que no deben permitirse.

El proceso de establecer reglas será diferente si se trata de niños o de adolescentes, como veremos más adelante. Sin embargo, en ambos casos es muy importante que les "vendas la idea" diciéndoles algo así como: "ya no quiero que peleemos ni quiero gritarte, por eso desde hoy vamos a hacer las cosas de esta manera".

Para que las reglas sean funcionales y útiles, necesitan cubrir ciertas condiciones:

1. Ser claras y muy específicas: al plantearlas debemos usar términos que no se presten a diferentes interpretaciones. Por ejemplo, si planteamos la regla "arreglar tu recámara", lo más probable es que vamos a tener conflictos sobre este tema, ya que para mamá o papá "arreglar la recámara" significa una cosa, pero para el hijo otra muy diferente. Plantear esta regla de manera clara y específica sería algo así como: poner tu ropa sucia en el cesto cuando te la quites, colocar tu mochila sobre el escritorio, meter los juguetes en la caja cuando termines de usarlos.

Una regla planteada de manera clara y específica responde necesariamente a estas preguntas: quién va a hacer qué, desde cuándo, a qué hora, por cuánto tiempo, cómo, dónde, etcétera.

Éstos son otros ejemplos de reglas claras y específicas: lavar los trastes de la cena todos los lunes, inmediatamente después de terminar de cenar. Hablar por teléfono máximo 20 minutos, para que todos puedan usarlo. La televisión se enciende hasta que se termine de hacer la tarea. Las golosinas se comen después de la comida y sólo una. Cuando las reglas son claras y específicas, es mucho más fácil entenderlas y, en consecuencia, cumplirlas.

2. Plantearlas en términos positivos. Es un hecho comprobado que es mucho más fácil responder a algo, ya se trate de un deseo, una intención o una regla, cuando se plantea en términos positi-

vos, en lugar de usar el "no". Entonces, en vez de decir: "no usarás la computadora después de las 8 p.m.", dirás: "la computadora se apaga a las 8 p.m." En lugar de: "no saldrás a jugar si no has terminado la tarea" dirás: "saldrás a jugar cuando termines la tarea".

3. **Deben ser congruentes con la edad de los hijos y sensatas.** Recuerdo a una familia en la que había muchas reglas y tan severas, como el autoritario padre que las impuso; eran tantas y tan restrictivas que sólo imaginarme estar sometida a ellas me agobiaba. Una era: no se permite comer ningún dulce, chocolate, botana, nieve, etc., ¡nunca! porque son malas para la salud. El aseo de la casa estaba repartido entre los tres hijos, niños de 8, 10 y 12 años, que además de sus tareas escolares se pasaban una buena parte de la tarde limpiando la casa. Sábados, domingos y días de fiesta, los niños se tenían que levantar a la misma hora que los días entre semana cuando asistían al colegio: ¡a las 6 de la mañana!; se bañaban, desayunaban y ¡a ponerse a trabajar!

Insisto en recomendarte que sólo establezcas reglas en las áreas de la vida familiar que son fuente de conflicto, es decir, eso por lo cual pelean o les gritas, como puede ser: el lugar en donde colocan (o avientan) la mochila al regresar de la escuela, los juguetes regados en el piso, el uso de la televisión o la computadora, las horas de llegada, los días de salir, etc. No exageres reglamentando todo, porque será totalmente contraproducente. Escribe una lista de esas "fuentes de conflicto" y genera reglas sobre ellas.

4. **Ten cuidado al establecer una regla, para que no te restrinjas o afectes a ti mismo.** En una familia, los padres establecieron la regla de que sus dos hijos, de 4 y 6 años, se fueran a dormir todos los días a las 8 de la noche. A mí me pareció muy bien. Pero entonces ellos nunca podían salir al cine, a cenar o a reuniones con sus amigos. Comenzaron a sentir que su vida era rutinaria y aburrida, sin darse cuenta de que estaban sometidos a esa regla, que si bien era funcional y sana para sus niños, no lo era para

ellos. A fin de cuentas hicieron arreglos para que alguien cuidara a sus hijos ciertos días y ellos pudieran salir a divertirse.

5. Establece las reglas de antemano y por escrito, para que puedan cumplirse con todas las condiciones que ya hemos hablado y de esta manera, en lugar de que se conviertan en una carga, sean medios para que toda la familia viva con mayor armonía, como corresponde a uno de los objetivos primordiales de las reglas.

6. Las reglas deben ser firmes y consistentes, lo cual significa que debes cumplir lo que dices. El no hacerlo conducirá a tus hijos a no creer en ti, y perder credibilidad ante tus hijos es una verdadera tragedia.

ESTABLECE CONSECUENCIAS SI LAS REGLAS SE INFRINGEN

Las consecuencias son aquello que sucederá si tu hijo no cumple los acuerdos o reglas. Mi recomendación es que en un primer paso no pongamos consecuencias, es decir, confiemos en que nuestros hijos cumplirán. Si las cosas no sucedieran así y, al contrario, las reglas se infringieran constantemente, entonces pasaremos al segundo paso, que consiste en establecer consecuencias que aplicaremos invariablemente cuando la regla se infringe.

A continuación te propongo una forma de llevar a cabo este asunto de establecer reglas y consecuencias, que si bien no es la única, sí es una práctica y sencilla alternativa, que funciona muy bien.

En el caso de los niños de alrededor de 3 a 10 años, elabora en principio una lista de las situaciones que son fuente de conflicto, como sugerí con anterioridad, por ejemplo: la hora de hacer la tarea, de bañarse y el lugar en donde deben poner la mochila, entre otras muchas cosas.

En una cartulina dibuja una línea vertical en el centro. Del lado izquierdo anotas el título: ACUERDOS y del lado derecho: CONSECUENCIAS. Aunque yo he estado utilizando todo el tiempo la palabra "reglas" porque me parece que todo mundo entiende muy bien su significado, te recomiendo que al poner estos títulos en tu cartulina utilices la palabra ACUERDOS en lugar de "reglas" o "normas", ya que estas palabras pueden generar una predisposición negativa en los niños, por la programación social que tenemos respecto a ellas.

Enseguida, en la columna ACUERDOS escribe la regla de manera simple, clara, específica y en términos positivos, como ya lo indiqué en los incisos anteriores. En la columna CONSECUENCIAS escribe la que habrá si no se cumple con ese acuerdo. Enseguida te presento un ejemplo, pero recuerda que es sólo una guía; hazlo a tu manera, de acuerdo con tus convicciones, necesidades y fuentes de conflicto con tus hijos:

ACUERDOS	CONSECUENCIAS (si no se cumple el acuerdo)
• Puedes encender la televisión hasta que hayas terminado la tarea.	• La apagaré y no verás televisión en el resto del día.
• Puedes jugar con tu Play Station (o X Box, Wii, computadora, etc.) sólo durante una hora y media y después de hacer la tarea.	• No podrás jugar con ellos durante dos días.
• Cuando termines de hacer la tarea, debes poner los colores en la caja, los libros en el librero, tus cuadernos en la mochila y ésta sobre el escritorio.	• No puedes salir a jugar hasta que lo hagas.
• Puedes comer postre o una golosina sólo después de comer.	• Si te la comes antes, no comerás postre o golosinas en dos días.

Después explica a tu hijo que esa será la manera en que sucederán las cosas de aquí en adelante y que sólo tendrá esas consecuencias, si no cumple con el acuerdo. Si lo cumple, no sucederá la consecuencia.

Y enseguida solamente dedícate a cumplirla. No son necesarios los recordatorios, las advertencias, los gritos; simplemente, ocúpate de cumplir con lo que has establecido. No te sorprendas ni te desesperes si al principio parece no funcionar. Es posible que, inconscientemente, tus hijos te pongan a prueba para ver si es de a de veras. Esto es muy común que suceda, sobre todo cuando los padres no tienen credibilidad ante sus hijos, porque tienden a no cumplir lo que dicen. Entonces, en esta "etapa de prueba", los niños infringirán la regla, tal vez mucho más que antes, con la intención (inconsciente) de confirmar que hablas en serio y de saber qué esperar.

Es de suma importancia que cumplas la consecuencia con firmeza, porque de ahí dependerá que esta estrategia funcione. Una vez que los niños saben que es de a de veras, entonces las cosas comienzan a fluir suavemente y la conducta indeseable desaparece. En mi experiencia, la "etapa de prueba" —si se presenta— dura entre una y tres semanas aproximadamente. Cuanta menos credibilidad tengan los padres ante sus hijos, más tiempo durará este periodo de prueba.

Con los adolescentes hay que negociar y en general ellos están dispuestos a hacerlo si sabemos "venderles la idea", como ya mencioné. Una muy efectiva es la llamada negociación ganar-ganar, que es aplicable no sólo en las relaciones entre padres e hijos, sino también en las de pareja, trabajo, amistad y de todo tipo. Su eficacia en todas las áreas está comprobadísima.

Como su nombre lo dice, se trata de que ambas partes involucradas en la negociación ganen; para ello es necesario que comprendamos que negociar no se trata de que una de las partes controle o se salga con la suya; se trata de ceder algo, ser flexibles y estar abiertos y dispuestos a movernos de nuestro punto de vista estrecho, para entender el punto de vista del otro y llegar a un acuerdo, en el que ambas partes cedemos y también ganamos; esto sin duda nos dejará satisfechos.

A continuación propongo un ejemplo muy concreto de una negociación ganar-ganar, entre los padres y su hijo adolescente, basándome en los pasos propuestos por Thomas Gordon en su libro P. E. T., que previamente recomendé, en el que el autor le da el nombre de "Método nadie pierde". [3]

En primer lugar elabora una lista de las "fuentes de conflicto" (eso por lo cual pelean); por ejemplo: días de salir, horas de llegar, cooperación en casa, etc., ya que sobre eso se va a negociar.

Para que la negociación sea realmente efectiva, es necesario tener la firme disposición de: no criticar o juzgar las ideas del otro, no intentar convencer sobre tu opinión y tener bien claro que no es una competencia. Tanto los padres como el adolescente están en todo su derecho a desear lo que desean, aunque esto no significa necesariamente que así se hará.

Negociación *ganar-ganar* (o método "nadie pierde")

Paso 1.   Tanto los padres como el hijo expresan por escrito, cada uno en una hoja de papel y de manera clara y concreta, cuáles son sus necesidades y/o sus deseos.

Por ejemplo:

PADRES	HIJA/O
• Que salgas de noche una vez cada 15 días	• Salir diario
• Que llegues a las 11 de la noche	• Llegar a las 4 de la mañana
• Darte $100.00 por semana	• Que me den $500.00 por semana
• Que laves los trastes de la cena	• Lavar los trastes una vez por semana

---

[3]Thomas Gordon, *op. cit.,* pp. 113-120.

He realizado algunas modificaciones a la propuesta original de Thomas Gordon de su libro *P. E. T.*

Al leer cada uno la propuesta del otro, es muy común que se suscite desacuerdo. Los padres dicen cosas como: "¡qué te pasa!, ¡ni lo sueñes! ¡No vas a llegar a esa hora!", y el hijo dice cosas como: "¿llegar a las once de la noche? ¡Qué anticuados! ¡No tienen idea de lo que están diciendo!" Recordemos la importancia de no juzgar o criticar los deseos del otro, quien está en todo su derecho a tenerlos y expresarlos.

Paso 2.   Cada uno expresa de manera abierta y clara sus razones para desear y proponer, lo que ha planteado en el paso 1. Pregúntale a tu hijo el por qué quiere llegar a esa hora, para qué quiere $500.00 por semana, revisa los gastos fijos que tiene para decidir la cantidad que necesita, etc. Asimismo, explícale por qué quieres que llegue a determinada hora o por qué debe salir tales días. Te recuerdo: sin criticar, sin juzgar, sino escuchando con empatía.

Paso 3.   Una vez evaluadas cada una de las propuestas, hay que tomar las decisiones que sean más convenientes, cediendo y ganando.

Paso 4.   Anotar en una nueva hoja de papel esos acuerdos, de manera específica, concreta y clara:

—Quién va a hacer qué
—Desde cuándo
—Por cuánto tiempo
—Qué días
—A qué hora
—Cómo, etc.

Por ejemplo:

ACUERDOS
• Salir una vez por semana, y dos veces por semana cada 15 días.
• Llegar a las 2 a.m. y a las 3 a.m. una vez al mes.
• $250.00 por semana.
• Lavar los trastes de la cena: lunes, martes y jueves al terminar la cena.

Cada uno firma al calce. Firmar algo tiene un efecto positivo, porque nos hace sentir que es un compromiso serio (porque lo es) y esto nos ayuda a cumplirlo.

Paso 5. Verificar los resultados después de algún tiempo (tres o cuatro semanas):

—¿Están funcionando las soluciones que elegimos?

—¿En realidad estamos todos a gusto?

—¿Se encuentran satisfechas las necesidades de todos?

—¿Han cambiado las circunstancias de manera que ya no nos sirve esa solución?

—¿Nos comprometimos demasiado y no estamos pudiendo cumplir?

Paso 6. Si es necesario, modificamos los acuerdos o continuamos con ellos si están funcionando.

A mí me encanta la negociación *ganar-ganar* y en muchas situaciones de mi vida personal y profesional he comprobado su eficacia. Estoy segura de que también a ti te funcionará.

No obstante, es posible que tu hijo no cumpla con su parte del acuerdo y que, aun después de verificar los resultados y hacer las modificaciones necesarias, siga sin cumplir. Entonces será necesario establecer consecuencias. Le informaremos a nuestro hijo que, debido a que no ha respetado el acuerdo, las cosas cambiarán. Y escribiremos al lado de cada punto del acuerdo la consecuencia que habrá si no lo cumple.

En determinado momento de la vida, se acaba la etapa de educar a nuestros hijos; lo que hicimos bueno o malo ya está hecho. A ellos les tocará seguir aprendiendo en la escuela de la vida que nunca termina y "arreglar" los desarreglos que como padres les causamos donde no fuimos capaces de hacerlo mejor. Nuestra función en esa etapa ya no es educarlos ni mantenerlos, sino ser sus compañeros de la vida y embelesarnos con sus andanzas y sus logros.

Hay que ser sabios para discernir cuándo llega esa etapa y respetarla, porque de no hacerlo detendremos el desarrollo de nuestros hijos, creando esas dinámicas de sobreprotección de las que profusamente hemos hablado.

Los dos subtemas que a continuación presento, los he desarrollado ya en la sección "El hijo tirano/dictador". Lo que he planteado ahí es totalmente aplicable también al caso del hijo débil/dependiente. Por tal motivo, aunque en este espacio agregaré algunas nuevas consideraciones, te recomiendo volver a revisar los puntos planteados en la sección del hijo tirano/dictador, para refrescar tu memoria.

PERMÍTELES VIVIR LAS CONSECUENCIAS DE SUS ACTOS Y SUS DECISIONES

Como considero que es de gran importancia, repetiré en este espacio la "regla de oro" que planteé anteriormente: una forma infalible para que los seres humanos —de cualquier edad— maduremos y nos volvamos responsables es, viviendo las consecuencias de lo que hacemos y decidimos.

Como mostré en los casos presentados con anterioridad, los hijos sobreprotegidos, tanto en su faceta de tiranos/dictadores como de débiles/dependientes, no viven las consecuencias de sus actos y sus decisiones porque sus padres las asumen por ellos. Esto provoca que no desarrollen la "materia prima", la fuerza interna para ser capaces de enfrentarlas.

Yo tengo la impresión de que los hijos sobreprotegidos tienen una percepción distorsionada de la realidad, como que a ellos el fuego no les quema, el dinero crece en los árboles y todos los habitantes del planeta nacieron para servirles. Si bien estoy hablando de manera metafórica y si quieres exagerada, lo que deseo dar a entender es que la extrema y estorbosa ayuda de sus padres, que hacen mucho por ellos y asumen las consecuencias de sus actos y decisiones, no les permite reconocer muchas facetas de la realidad, que son necesarias para desarrollar la capacidad de valorar y apreciar.

En cierta ocasión, durante una larga y amena sobremesa después de la cena de cumpleaños de una amiga, alguien tocó el tema que desarrollé en el capítulo 4 de mi libro *Tu hijo, tu espejo*, titulado: "Cuando ser padre agobia", en el que hablo de ese sentimiento que, aunque es real y normal, nos avergüenza y hace sentir culpables y malos, por estar a veces cansados de lidiar con nuestros hijos y mantenerlos. Varios de los presentes hicieron comentarios sobre el asunto y algunos afirmaron que eso es muy cierto, y otros compartieron una historia personal al respecto. Uno de los invitados, a quien yo acababa de conocer ese día, comentó: "ay, no es para tanto, yo nunca me he sentido agobiado con respecto a mis hijos". "¡Pues claro que no!", respondieron al unísono tres o cuatro de los presentes, que lo conocían muy bien. "Tal vez si vivieras con ellos y tú los mantuvieras en lugar de tu papá, algún día te llegarías a sentir agobiado", remató uno.

Resulta que el hombre que está divorciado desde hace varios años dura meses sin ver a sus hijos, y como tampoco les da dinero, su ex esposa ha tenido que pedir ayuda a su ex suegro en muchas ocasiones cuando de plano se le ha atorado la carreta. En el transcurso del último año, el señor les ha tenido que pasar mensualmente cierta cantidad de dinero a sus nietos, tomando así la responsabilidad que a su irresponsable hijo le corresponde.

¡Por supuesto que en esas circunstancias, cuando otro mantiene y cuida a sus hijos, ningún padre se siente agobiado! Pero lo que me llama profundamente la atención en este caso es la falta de ubicación del hombre que no ve la realidad, que ni siquiera se da cuenta de que su comentario está tan fuera de lugar y que quizá hasta considere que su actitud ante sus hijos es la adecuada; tal vez hasta la considere normal. A eso me refiero cuando afirmo que tengo la impresión de que los hijos sobreprotegidos tienen una percepción distorsionada de la realidad.

Otro de estos ejemplos es el que hace unos días presencié: un hombre que conozco y que considero que actúa como un verdadero sobreprotegido criticó groseramente a otro porque se estacionó muy mal, y después de llamarle con todos los sinónimos existentes de la palabra idiota, remató con arrogancia: "por eso trae esa horrible carcacha, porque es un idiota", refiriéndose al deteriorado coche que el susodicho manejaba. Su esposa le respondió molesta: "… o porque no tiene un papá como el tuyo que le compre coche nuevo. No te olvides de que tu papá te compró este coche, y si no fuera por eso, ni a carcacha llegaríamos… andaríamos a pie…" Eso sí que bajó a la realidad al arrogante hijo sobreprotegido que tiene coche nuevo porque su papá se lo compró y, aun así, se atreve a criticar y despreciar a otro porque tiene una carcacha… ¡De veras que está desubicado este hombre!…

Pasando a otro punto, con mucha frecuencia los padres están confundidos con respecto a un asunto que es muy común que suceda en las familias: el hijo les ha pedido, con gran interés e insistencia, que lo inscriban en determinado curso, deporte o actividad; de pronto, después de unas semanas o meses, el niño ya no quiere ir. Muy seguido los padres me preguntan sobre este tema, porque dudan de cuál será el manejo adecuado de esta situación: ¿hay que permitirle que ya no asista y deje a medias el curso? ¿Hay que obligarlo a que termine porque él lo pidió y debe cumplir con su compromiso?

Te diré cuál es mi opinión sobre este tema, recordándote que no TIENE que ser así, sino que la idea es que mis propuestas te sirvan como guía; toma de ellas lo que te sea útil y, de acuerdo con lo que te dicte tu corazón y tus convicciones, elige la acción que consideres más apropiada.

En primer lugar, es importante que investigues acerca de las razones por las cuales tu hijo ya no quiere asistir a dicha actividad. Tal vez se trata de que entró un nuevo maestro que no le tiene buena voluntad, o puede ser que un compañero lo esté molestando, o tal vez el programa del curso pasó a un nuevo nivel que al niño se le dificulta. Los niños, sobre todo a la edad entre los 6 y 11 años aproximadamente, tienden a evadir las situaciones en las que no son competentes. Justamente porque la "tarea de vida" de esa edad es "la competencia" (sentirse competentes) no les gusta involucrarse en actividades en las que no son buenos o, mejor aún, los mejores. Puede ser también que la causa de que ya no quiera asistir es tan simple como que ya se aburrió o no era lo que esperaba. Así también, cuando han durado mucho tiempo llevando a cabo ese deporte o actividad, pueden estar saturados y cansados.

Una vez que le hayas preguntado a tu hijo el por qué ya no quiere asistir, entonces pueden encontrar juntos las soluciones, según sea conveniente. Cuando se trate de que ya esté cansado o no le guste la actividad, puedes negociar con él, de manera que termine lo que falta de ese nivel, curso o mes, y luego podrá dejarlo quizá para siempre o sólo por un espacio de tiempo. Tal vez en ese periodo de "descanso" se vuelva a motivar y decida seguir adelante, o quizá se termine de convencer de que ya no quiere continuar. La verdad es que forzar a un hijo a que siga haciendo algo que no disfruta o en lo que sienta mucha frustración porque "no es lo suyo" (no le gusta y no tiene talento para ello), sólo servirá para generar conflictos y molestias en ambos. Y algo muy importante: lo más seguro es que no va a aprender.

Recuerdo a mi amiga de la infancia que tomaba clases de piano cuatro tardes por semana. Durante toda la primaria y la secundaria la recuerdo negándose a unirse a muchos de los planes que las demás compañeras hacíamos, porque tenía que asistir a sus clases. En muchas ocasiones, cuando invitaba compañeras a comer a su casa, en las que yo estaba incluida, a las cuatro en punto su mamá le avisaba que ahí estaba su maestro y se disculpaba con nosotras de que nos tendría que dejar por una hora y media para atender sus clases. ¿Toca piano mi amiga? ¡No! Aunque lo estudió por años, ¡no lo toca! De hecho, ahora es una exitosa doctora, que ni piano tiene en su casa. Por azares de la vida ahora vivimos en diferentes ciudades. Hace unos tres años fue la última vez que la vi y ese día le pregunté si seguía tocando; me dijo: "uh, Martha, en cuanto salí de la casa de mis padres no volví a tocarlo. De hecho, si en este momento tuviéramos un piano enfrente y me pidieras que tocara algo, no creo que sería capaz". Yo dije para mis adentros: "¡tanto dinero y tiempo invertidos, tantas cosas de las que se perdió... y ahora todo quedó en el olvido!"

También pienso en los tres hijos de mi ex vecino, ahora veinteañeros. A su papá le encantaba cantar ópera en la ducha y escuchar música italiana desde que sus hijos eran pequeños; y soñando en que algún día ellos pudieran dominar el idioma, los obligó a estudiar italiano por varios años. ¿Hablan italiano? ¡No!, ¿Les interesa hablarlo? ¡No!

Muchas veces los padres inscriben a sus hijos en determinados cursos o actividades no porque a éstos les interese, sino porque los padres hubieran querido dominar tal deporte, idioma o habilidad y se quedaron con las ganas de hacerlo. Entonces, inconscientemente toman a sus hijos o a uno de ellos como si fuera una extensión de sí mismos, esperando que ese hijo haga lo que ellos se quedaron con ganas de hacer y pueda cerrar sus asuntos inconclusos. Esto genera frustración y fracaso en los hijos e importantes conflictos entre ellos y sus padres, como lo explico ampliamente en el capítulo 3 de mi libro *Tu hijo, tu espejo*, titulado: "Yo no puede hacerlo, hazlo tú por mí".

"*Nada ejerce un efecto psíquico más fuerte sobre los hijos que la vida no vivida de sus padres*" dice Carl G. Jung.

Asegúrate, pues, de que la actividad extraescolar en la cual inscribes a tus hijos sea la que a ellos les interesa, la que les permita desarrollar y expresar sus talentos, y no lo que a ti te hubiera gustado hacer y no pudiste.

AYÚDALES A DESARROLLAR LA "TOLERANCIA A LA FRUSTRACIÓN"

Me encanta leer o ver biografías de personajes de la historia y me encanta conocer a personas que en la actualidad han logrado realizar un sueño, vencer un reto o superar situaciones muy difíciles. Me embeleso admirando su inspiradora fuerza de carácter, su valentía y, por supuesto, su tolerancia a la frustración, sin la cual nada de lo anterior se puede manifestar.

OCÚPATE DE TI MISMO

Ésta es quizá una de las acciones a tomar más importantes y poderosas en nuestro intento de dejar de sobreproteger a un hijo, ya que sin ella, difícilmente se podrán llevar a cabo las demás acciones previamente propuestas.

Padre, madre, ¡ocúpate de ti mismo(a)! Con esto quiero decir: reconoce y resuelve tus conflictos emocionales y de pareja, crea un proyecto de vida que te conduzca a ser feliz y sentirte en paz, realizando actividades que te gusten, recibiendo ayuda profesional cuando sea necesario y llenando tus espacios interiores contigo mismo, para que puedas soltar a tu hijo, dejarlo ser, respetar los sagrados espacios que deben existir entre tu piel y la suya, entre tu camino y el suyo.

Entre un hijo sobreprotegido y su padre no existen esos espacios, la energía del padre está encima del hijo, asfixiándolo y reteniéndolo. Demasiada de su atención está puesta sobre su hijo y prácticamente nada sobre sí mismo. Un padre cuyo interior se encuentra pleno y cuya vida tiene un sentido no puede ser sobreprotector... Simplemente, eso no sucede.

¿HASTA DÓNDE HAY QUE AYUDAR?

"Si en verdad amas a alguien, hazle el gran favor de no ayudarlo."

Tal vez al leer esto sientas lo mismo que yo sentí hace unos 12 años, cuando lo escuché de boca de un sabio hombre que ha sido mi maestro de la vida. Esta idea rompía mis esquemas y me causó una revoltura tanto en la mente como en el estómago. Cuando pedí explicación sobre esa frase, simplemente no se me dio. Tal vez mi maestro sabía que en las profundidades de mi ser interno, yo entendía muy bien lo que esto significaba. Y, en efecto, cuanto más pasa el tiempo, más claro lo comprendo.

Cuando "ayudas", no dejas que la persona aprenda sus lecciones y, por lo tanto, volverá a crear los mismos problemas, porque no ha aprendido la enseñanza que ellos le aportan. Muchas veces la mejor forma de ayudar a alguien, es orar, enviarle luz y amarlo incondicionalmente, pero dejar que enfrente su realidad, resuelva sus problemas por sí mismo y "cargue su propia mochila".

En el mundo de la psicoterapia hay hermosas metáforas para expresar la importancia que tiene el hecho de que el psicoterapeuta entienda cuál es su función dentro de la problemática del paciente, la cual significa "acompañarlo" en el proceso de resolución de sus problemas, pero de ninguna manera echarse a cuestas la responsabilidad de solucionárselos. Hacer esto sería una gran falta de respeto hacia el paciente, creyendo que él no puede y no sabe, que es débil e incapaz y que el terapeuta es mejor que él; entonces se crearía una relación de sobreprotección hacia el paciente, con todas las consecuencias que ya hemos revisado. Esto sería totalmente contraproducente, antiético e irresponsable.

Esas hermosas metáforas a las que me refiero dicen, por ejemplo: el terapeuta sólo limpia el espejo para que el paciente se pueda ver claramente a sí mismo. El terapeuta lleva la linterna y con ella le va alumbrando el camino al paciente para que vea por dónde ir y dónde pisar, pero no lo carga; el que camina cada paso y lleva su propia mochila es el paciente. Sin lugar a dudas, esto es aplicable también a la relación padres hijos.

En cierta ocasión leí un escrito de Rosa Larios, una mujer sabia y luminosa. En él contaba la siguiente historia:

Una persona estaba observando a una oruga que trataba de abrir su capullo para salir de él y convertirse en una flamante mariposa. Veía cómo la oruga batallaba y luchaba para lograr su objetivo. Como esta persona era muy "buena", se compadeció de la pobre oruga al ver cómo estaba batallando y decidió ayudarla. Se acercó al capullo y comenzó a abrirlo con sus dedos. ¡Y lo logró! Rápido y fácil el capullo quedó abierto, listo para que saliera la flamante mariposa. Pero lo que salió fue una débil criatura que de inmediato cayó al suelo y, por más que intentaba, no podía alzar el vuelo. Esta "buena" persona no sabía que en su lucha por abrir el capullo, las orugas desarrollan muchas fibras que forman y fortalecen sus alas, para poder volar y convertirse en hermosas mariposas. La pobre criatura que esta persona "ayudó" se pasó su corta vida revoloteando a ras del suelo, sin nunca lograr experimentar la dicha de volar.

Eso es justamente lo que sucede a los hijos sobreprotegidos. De tanto facilitarles la vida, de tanto no dejarlos luchar, se les cortan las alas, se les mutilan los recursos, se les castra la fuerza y se les roba el gozo de poder, de saber y de lograr. Y, al igual que la mariposa, se pasan la vida revoloteando a ras del suelo, sin experimentar nunca el placer de volar.

Por eso es que la sobreprotección es una forma de maltrato, de abuso y de agresión. La peor herencia de vida que podemos dejar a un hijo es haberlo sobreprotegido, garantizándole así una vida de fracaso e insatisfacción.

"Donde los padres hacen demasiado por sus hijos, los hijos no harán mucho por sí mismos" dice Elbert Hubbard.

Los seres humanos tenemos por naturaleza una necesidad de hacer y de lograr, es una de nuestras necesidades superiores, que si no satisfacemos, no estaremos completos y plenos.

Hace unos tres años, me encontraba en un hermoso bosque, acostada boca abajo. Estaba embelesada viendo a un grupo de hormigas que llevaban su carga sobre sus espaldas. Este hecho es de por sí fascinante, porque es bien conocido que ellas tienen la capacidad de cargar un peso bastante mayor que el propio y con una habilidad impresionante. Salían de su hormiguero formando una perfecta línea recta y se dirigían hasta cierto punto como de tres metros de distancia, de donde recogían ramitas y trozos de hojas, para luego regresar con la carga, formando otra perfecta línea recta. Pero lo que más me sorprendió fue que las ramitas y trozos de hojas que traían desde ese lugar, situado a tres metros de distancia, eran ¡idénticas! a las que había justo afuera de su hormiguero.

"¿Por qué caminan tres metros de ida y otros tres de regreso con su carga, para traer lo mismo que hay justo afuera del hormiguero?", me pregunté y llegué a la conclusión de que el hacerlo les causaba gozo. No era un trabajo obligatorio e inevitable que TENÍAN que hacer, sino un verdadero placer. Me pregunté qué pasaría si "les ayudaba" y les acercaba una buena cantidad de esas hojas y ramitas justo hasta el hormiguero, ya que lo que a ellas les tomaba mucho tiempo y esfuerzo, a mí me tomaría unos cuantos segundos. O, mejor aun, ¿por qué no les acercaba una hoja de papel, las subía en ella y las llevaba hasta "la puerta" para que no tuvieran que caminar tres metros llevando su pesada carga? Supe de inmediato que las perjudicaría, que les quitaría el gozo de hacer lo que nacieron para hacer, y aunque te parezca ridículo y cursi, les pedí perdón por haber querido entrometerme en su experiencia, que sin duda les da un profundo sentido a su vida.

Ése es el mismo placer que toda persona que logra una meta experimenta, el placer que a muchos (lamentablemente no a todos) nos aporta el trabajo que realizamos. Ese maravilloso e insustituible gozo por el logro no lo experimentan los hijos sobreprotegidos.

Hace poco me comentó una madre que su hijo de 22 años le había dicho que en el verano se inscribiría en un curso de computación y que él mismo lo pagaría con sus ahorros. La madre le respondió que ¡de ninguna manera!, que ella se lo iba a pagar. El hijo insistió en que él quería pagarlo, la madre en que ella lo haría y de nuevo el hijo en que él podía y quería hacerlo. Esa misma tarde, sin que su hijo se enterara, la madre se dirigió al instituto a pagar el famoso curso. ¿La razón?: "pobrecito, siento muy feo que gaste sus ahorros".

A un niño de 8 años sus padres le regalaron en su cumpleaños un magnífico carrito con control remoto. Se lo dieron en la mañana antes de irse al colegio. Sumamente emocionado, el niño trató de abrir la envoltura en la que el juguete venía, pero no era tan fácil, estaba sellada y dura y, ante el apremio del tiempo, tuvo que dejar su intento e irse al colegio, altamente motivado a seguir adelante cuando regresara. Pero lo que encontró al volver fue su juguete abierto y colocado sobre su cama... ¡listo para usarse! Ante el asombro de sus padres, el niño comenzó a llorar a gritos, frustrado y enojado. ¡Él quería abrir su juguete! ¡Y ya estaba abierto! Los padres al principio lo tildaron de malagradecido, pero luego comprendieron que lo habían privado de la dicha de luchar por abrir su juguete y de la satisfacción que sentiría al haberlo logrado.

De la misma manera, la "apoyadora" madre del caso anterior que le pagó a su hijo el curso de computación lo privó de la satisfacción y el gozo de haberlo pagado él mismo y sentirse orgulloso por ello, y quizá hasta de valorarlo más, precisamente porque a él le había costado.

Ayer estuve platicando con dos hombres y una mujer que son hermanos. Los tres son mayores de 45 años y con muchos fracasos en su vida, tanto en el ámbito profesional, como en los aspectos económicos, familiares y hasta físicos, que se muestran en su constante falta de dinero y de empleo, en su infelicidad en sus relaciones familiares y en su cuerpo, sumamente obeso y deteriorado.

Cuando se enteraron de que estaba escribiendo este libro y del tema que trato en él, la hermana comentó: "nuestro padre nos ha dado dinero toda la vida; a veces he llegado a pensar que nos echó a perder". El hermano mayor respondió: "sí, yo también lo he pensado". Y luego nos contó que cuando tenía 26 años decidió irse a vivir a otra ciudad porque ahí encontró un empleo que le convenía, instaló su departamento y, aunque el salario que ganaba no era exuberante, le alcanzaba para vivir. Se sentía muy feliz, satisfecho y orgulloso de poderse mantener por sí mismo.

Dos meses después, su padre le llamó y le dijo: "te deposité dinero en tu cuenta y te voy a depositar lo de la renta cada mes". El hombre hizo un silencio y con una voz triste y bajita continuó: "sentí que me echó a perder esos sentimientos de orgullo y satisfacción que yo estaba experimentando... Debí haberle dicho que no, pero no lo hice porque me dio miedo a que se molestara y a que si en un futuro llegara el caso de necesitar de su ayuda se negaría a dármela". La hermana enfatizó: "sí, entiendo muy bien a qué te refieres". Y enseguida habló el otro hermano: "yo observo cómo muchos de mis amigos a lo largo de su vida han tenido etapas difíciles, y simplemente lo resuelven y salen adelante... Nosotros nunca hemos hecho eso, porque nuestro padre siempre nos las ha solucionado..." Los tres se quedaron en un reflexivo y confuso silencio por unos momentos y luego la conversación viró hacia otro tema.

La experiencia que estos hermanos compartieron me confirma ¡una vez más! lo que yo muchas veces he comprobado: cuando los padres dan a sus hijos más de lo que es sano darles, cuando les satisfacen necesidades que ni siquiera tienen, o se las satisfacen aun antes de que las tengan, les arrebatan, les roban el gozo del logro, la dicha de poner en práctica sus propios recursos internos, la incomparable satisfacción de descubrir su potencial y su capacidad para deleitarse con el sabor del éxito. ¡Qué gran error! ¡Qué enorme daño!...

Entonces, ¿hasta dónde hay que ayudar? Ésta es la simple respuesta: si tu hijo puede hacerlo, deja que lo haga. Esto es aplicable a hijos bebés, niños, adolescentes y adultos. Es más, permíteme completar esta afirmación: aunque no pueda hacerlo, déjalo que lo intente, una o mil veces, antes de pretender ayudarlo o hacerlo por él. Muchas veces los intentos resultan en logros, porque al no haberlo intentado, no sabemos que podíamos.

Hace poco vi un documental acerca de una persona que sobrevivió al hundimiento de un pequeño barco de paseo, aunque no sabía nadar. Bueno, eso creía antes de esta experiencia. Sucedió que se soltó una tormenta inesperada, y una enorme ola hundió el barquito, lanzando al otro tripulante a muchos metros de distancia y dejando a la deriva al que no sabía nadar y sin ninguna protección. El hombre luchaba por mantenerse a flote en el mar, casi seguro de que se ahogaría porque no disponía de un chaleco salvavidas y "nunca había aprendido a nadar", pero se dio cuenta de que sí podía; logró mantenerse a flote hasta que fueron rescatados... Y se salvó.

Sería muy cómodo y conveniente que en el océano de la vida, tus hijos tuvieran siempre a la mano un chaleco salvavidas, pero es todavía mejor que sean capaces de nadar con sus propios recursos, porque los chalecos salvavidas a veces se olvidan, se rompen o se los lleva la corriente. Sus recursos... ¡jamás!

La doctora Rachel Naomi Remen es una reconocida personalidad en el campo de la medicina. Es autora de varios libros, ha recibido innumerables reconocimientos y por 30 años ha dirigido el desarrollo y fundación de diversos programas, instituciones y estudios relacionados con la curación del cáncer. Pero, sobre todo, es un alma llena de luz y amor, que enseña el poder sanador del espíritu y la mente sobre el cuerpo. En la 4ª. Conferencia anual del IONS (Institute of Noetic Sciences), la doctora impartió una hermosísima conferencia plena de sabiduría, titulada "Al servicio de la vida". En ella presentó interesantes ideas sobre la diferencia que hay entre ayudar y servir. Si bien estos conceptos se aplican a cualquier situación de ayuda y servicio, he decidido transcribirlos en este espacio, con la esperanza de que provoquen en ti la misma fascinación y las revelaciones que en mí provocaron. O, mejor aún, que provoquen en ti lo que corresponda que sea provocado:

"En años recientes la pregunta ¿en qué puedo ayudar? ha adquirido importancia para mucha gente. Pero quizá la pregunta correcta sea no ¿en qué puedo ayudar?, sino ¿cómo puedo servir? Servir es diferente de ayudar. La ayuda está basada en la falta de igualdad; no se trata de una relación entre iguales. Cuando ayudas utilizas tu propia fortaleza para ayudar a quienes tienen menos fuerza. Si estoy atenta a lo que sucede dentro de mí cuando estoy ayudando, descubro que siempre estoy ayudando a alguien que no es tan fuerte como yo, que está más necesitado que yo. La gente siente esta falta de igualdad y cuando ayudamos, inadvertidamente le quitamos a la gente más de lo que pudimos haberle dado; podemos disminuir su autoestima, su sentido de valía, su integridad y entereza. Cuando ayudo estoy muy consciente de mi propia fuerza, pero no servimos con ella, sino que servimos con nosotros. Cuando servimos, aprovechamos todas nuestras experiencias. Nuestras limitaciones sirven, nuestras heridas sirven, aun nuestra oscuridad puede servir. EL SERVICIO es una relación entre iguales. Ayudar incurre en deuda. Cuando ayudas a alguien te deben una. Pero servir como sanar es recíproco. Yo me sirvo tanto como la persona a quien estoy sirviendo. Cuando ayudo tengo un sentimiento de satisfacción. Cuando sirvo tengo un sentimiento de gratitud. El servicio es una experiencia de misterio, de entrega y de asombro. Un servidor sabe que está siendo utilizado y está dispuesto a ser utilizado al servicio de algo más grande, algo esencialmente desconocido. Cuando servimos, siempre estamos sirviendo a la misma cosa. Ayudar es una labor del ego, servir es una labor del alma. El servicio nos sirve a nosotros al igual que a los demás. Aquello que nos utiliza nos fortalece.

Con el paso del tiempo ayudar desgasta, agota, nos consume. El servicio renueva. Sólo el servicio sana."

Nos toca pues, como padres, dejar de ayudar a nuestros hijos y comenzar a servirles. Y así, honrando y respetando su individualidad, los acompañaremos por la vida sin pretender allanarles su camino, sino enseñándoles a sortear los inevitables desniveles, montañas y precipicios que hay en él. Les enseñaremos a sembrar y a cosechar, siendo conscientes y cuidadosos con lo que siembran, para que no se sorprendan con lo que cosechan. Les mostraremos que toda puerta tiene una cerradura, y toda cerradura una llave que la abre, y que cuando no encuentren la llave, queda la opción de tocar, porque muy posiblemente habrá alguien del otro lado. Y si aun así la puerta no se abre, les enseñaremos a confiar en que siempre habrá otras que sí se abrirán.

Servir a un hijo, en lugar de ayudarlo, significa estar conscientes de que somos instrumentos de un poder superior y que estamos acompañados y guiados por ese poder, en el proceso de cumplir nuestra función como padres. Servir a un hijo en lugar de ayudarlo es la más elevada expresión del amor paternal.

6

Consideraciones acerca de premios, golpes y defensa de los niños

LOS PREMIOS

Éste es otro aspecto en la educación de los hijos en el que con frecuencia existe mucha confusión. ¿Es conveniente premiar a los hijos por sus calificaciones, buen comportamiento o el logro de alguna meta?

La respuesta es: depende.

Algunos padres cometen el error de exagerar el uso de este recurso y premian a sus hijos hasta por respirar. Otros tienen la convicción de que todo lo que el hijo hace o se le manda hacer es su obligación y no deben nunca y bajo ninguna circunstancia darle una palmada como reconocimiento a su esfuerzo y mucho menos un premio. Éstos son dos extremos. Pero hablemos sobre lo que podría ser la acción adecuada en este aspecto.

Comencemos por comprender que hay dos tipos de premios, a los cuales también se les llama *reforzadores*, porque sirven para incrementar y fortalecer la conducta que estamos recompensando: unos son los llamados *reforzadores sociales*, que consisten en el reconocimiento de la acción o logro del hijo, a través del halago verbal o de una caricia, mimo o abrazo. Estos gestos son muy agradables para todas las personas sin importar la edad. El otro tipo de reforzadores consiste en el reconocimiento de su acción o logro, a través de un regalo concreto y tangible, de cualquier tipo, al que generalmente llamamos *premio*.

Nuestros hijos necesitan ambos tipos de reforzadores, porque esto les beneficia: ayuda a incrementar su autoestima y a reforzar esa conducta deseable por la que los hemos premiado.

Sin embargo, hay situaciones en la vida de nuestros hijos que son simple y sencillamente parte de sus ocupaciones y deberes. Ellos tienen los suyos, así como los padres tenemos los nuestros. El cumplir con esos deberes, el desempeñar nuestras responsabilidades y hacerlo bien nos aporta una sensación de satisfacción, que ya es un premio por sí misma; el premio entonces viene de manera espontánea junto con la acción, y lo más importante es que viene de adentro.

Así pues, darles premios a nuestros hijos cada vez que cumplen con lo que es su responsabilidad y compromiso a realizar no es lo más conveniente. No obstante, reconocérselos, decirles que nos gusta, felicitarlos, expresarles que estamos orgullosos de ellos por lo bien que lo hacen, abrazarlos, besarlos, etc. (reforzador social) nunca estará de sobra y siempre será recomendable. Cuando somos niños necesitamos el reforzamiento externo, que, además de que se siente muy bien, nos sirve como un punto de referencia que nos verifica que nuestra acción es valiosa y correcta. Al paso del tiempo, poco a poco vamos internalizando ese reforzamiento y aprendiendo a dárnoslo nosotros mismos.

Es muy conveniente que nuestros hijos experimenten la satisfacción interior que resulta del deber cumplido y que no es producto de que alguien nos halagó o premió por nuestro esfuerzo y acción, sino que somos nosotros mismos quienes nos lo reconocemos. Desarrollar la capacidad de generar dentro de sí mismos esa satisfacción por el logro, ese autorreconocimiento, es un recurso que a nuestros hijos les servirá mucho en la vida. El necesitar que siempre venga de afuera un reforzamiento para confirmar que nuestras acciones son valiosas nos vuelve sumamente vulnerables e inseguros. Nada nos puede garantizar que siempre habrá alguien ahí afuera, dispuesto a halagarnos y reconocernos. Y, peor aún, siempre habrá alguien ahí afuera dispuesto a desaprobarnos y descalificarnos.

Los premios concretos y tangibles serán de gran utilidad en aquellas situaciones en las que hubo un esfuerzo extra, un logro especial, un obstáculo que tuvo el coraje de vencer, un reto que tuvo la valentía de enfrentar, un aprendizaje que al fin logró dominar. Cuida que el premio sea congruente con la acción y, sobre todo, que sea lo que tu hijo desea, no lo que a ti te interesa regalarle. De otra manera, el premio no cumplirá con su objetivo.

Una amiga y yo nos reímos muchísimo el día que me contó que cuando tenía 8 años, mientras cursaba el tercer grado, ganó un concurso de aritmética que se llevó a cabo entre todos los colegios de su ciudad. El premio que la directora de su colegio le dio fue un paquete de seis tubos (rulos) para el cabello. ¡Y negros! Dice que desde entonces ya no le gustan los números. ¡Fue más bien un castigo que un premio!

Los premios o reforzadores, pues, son una herramienta de suma utilidad en el proceso de educar a nuestros hijos, si la sabemos utilizar de manera adecuada. Excluirlos por completo o utilizarlos de forma exagerada o inadecuada resultará desfavorable y contraproducente.

¿EDUCAR CON GOLPES?

Éste es otro de los temas sobre los que existe confusión actualmente. Lo que en generaciones anteriores se consideraba conveniente y hasta necesario resulta que ahora se reprueba y considera inadecuado. Con mucha frecuencia en mis cursos o conferencias me hacen preguntas como éstas: "¿Es recomendable pegarles a los niños a veces?" Siempre, mi respuesta es un NO rotundo y absoluto. Pero me llama la atención que la persona que pregunta invariablemente parece aplicada en convencerme, diciéndome cosas como: "a veces si es bueno pegarles, ¿o, no?" A lo que vuelvo a responder con mi rotundo y absoluto: NO. Acto seguido, la persona vuelve a decirme algo como: "una nalgada de vez en cuando es necesaria ¿o, no?", como si necesitara convencerme, para que de mi boca salga un sí que por alguna razón necesita escuchar. Siempre acabo diciéndole: "no insistas; no importa lo que me digas, no escucharás salir de mi boca un: 'sí hay que pegarle a los niños'".

Te voy a decir por qué estoy tan convencida de que no es recomendable pegarles a los niños, bajo ninguna circunstancia:

En primer lugar, porque son seres humanos, son criaturas sensibles e indefensas y no están aquí para que los golpeemos, sino para que con amor los apoyemos en su proceso de crecer y aprender. Golpearlos es un abuso, lo reconozcamos o no.

Por otra parte, no es necesario usar los golpes para corregirlos; el hacerlo probablemente detenga la conducta indeseable, pero sólo porque el niño tiene miedo, lo cual significa que cuando los padres no estén cerca para propinarle un golpe, el niño volverá a hacer lo mismo. Eso no es formativo, porque de esta manera el niño en realidad no aprende, sino sólo se vuelve manipulador y mentiroso. Además, siendo honestos, en la mayoría de las ocasiones en que un padre golpea a su hijo, lo que le mueve en ese momento no es el interés de educarlo, sino la necesidad de desahogar su frustración y su enojo.

Golpear NUNCA resuelve los problemas, sino sólo llena al niño de dolor, resentimiento, rabia y frustración, sentimientos que, como no puede sacar directamente, muy probablemente los sacará a través de conductas que molesten a los padres, tales como negarse a comer, tener malas calificaciones y muchas otras, no porque sea malo y perverso, sino por un mecanismo de compensación, que no sólo él sino también los seres humanos en general manejamos: "me la debes... te la cobro".

Sé que educar a nuestros hijos es una tarea titánica, pero golpearlos no es el mejor camino. Eso no soluciona nada, sino sólo les deja dolorosas heridas en su corazón y a los padres grandes culpas que crearán dinámicas patológicas de relación, como ya revisamos con anterioridad.

¿HAY QUE DEFENDER A LOS NIÑOS?

¿Qué hacer cuando nuestro hijo es molestado, agredido o humillado por un familiar, un compañero o un maestro de la escuela?

Unos padres me llevaron a consulta a su hijo de 9 años, quien era constantemente molestado por su "gracioso" tío, quien siempre que lo encontraba en casa de la abuela y desde el principio hasta el final del encuentro se la pasaba haciendo bromas pesadas sobre el niño: sus piernas regordetas, sus lentes, su cara redonda, su pelo, sus dientes y toda su persona. El niño estaba siscado a tal punto que ya no quería ir a casa de la abuela por el temor a encontrarse con el tío. Los padres nunca lo habían defendido, porque se encontraban confundidos sobre la manera en que debían actuar ante tal situación.

El hermano de 22 años, de un niño de 7, lo molestaba constantemente burlándose de él, inventándole humillantes sobrenombres y ridiculizándolo en público. Sus padres lo permitían para que el niño aprendiera a defenderse.

Una niña de cuarto grado de primaria recibía sin motivo alguno constantes regaños, críticas y desaprobación sobre prácticamente todo lo que hacía por parte de la amargada monja que era su maestra. Con frecuencia sus "llamadas de atención" eran burlas humillantes que lanzaba con toda la intención de que todo el grupo se riera de ella. ¡Quién sabe qué proyecciones inconscientes reflejaba esa maestra sobre su alumna!, pero se estaba pasando de la raya y todas las compañeritas de la niña coincidían en que la maestra "la traía" contra ella. Los padres eran muy conservadores y creían que de ninguna manera debían intervenir con la autoridad de la maestra, mucho menos por tratarse de una monja.

Cuando un niño es molestado, humillado, ridiculizado o agredido por un adulto, los padres debemos intervenir. Los niños por lo general no se atreven, y por tanto, no disponen de los recursos para defenderse solos de un adulto, sobre todo si es una figura de autoridad. Si bien no se trata de que a la primera corramos a defender a nuestro cachorro, sí hay que hacerlo cuando se ha establecido un patrón de abuso emocional hacia el niño, como en los casos que he mencionado.

En el primer caso, los padres hablaron con el tío y le dijeron que bastaba ya de tratar así a su hijo, que la próxima vez que lo hiciera se irían de inmediato porque ya no estaban dispuestos a permitirlo. Le explicaron cómo lo estaba traumatizando con todas esas burlas sobre su aspecto físico. El tío primero se hizo el ofendido y amenazó con no volver a pararse en las reuniones familiares —es común que los abusadores reaccionen así cuando se les ponen límites—, pero tres semanas después volvió a integrarse a las reuniones, habló con el sobrino y le ofreció disculpas. Su actitud hacia el niño cambió drásticamente desde entonces.

En el segundo caso, los padres entendieron que la diferencia de edades entre sus hijos era enorme y, aunque fueran hermanos, se trataba de un adulto contra un niño; el hijo adulto no tenía derecho a tratar así al niño. El padre habló con el hijo de 22 y le puso las cosas bien claras. También le explicó la gran influencia que un hermano mayor tiene sobre la autoestima de su hermano menor y cómo él se la estaba afectando con sus burlas y horribles sobrenombres. El hijo adulto comprendió la situación y, ante los claros y determinantes límites que le puso el padre, dejó de molestar a su hermano.

En el caso de la maestra amargada, los padres pidieron una cita con ella y le preguntaron qué era lo que hacía tan mal su hija para que constantemente fuera regañada. La monja negó todo, pero los padres creían en su hija, lo cual es hermoso, porque a veces los padres no creen en lo que sus hijos les dicen sobre alguna persona que de alguna manera los está molestando. Como no encontraron apertura ni disposición en la monja, hablaron directamente con la directora, quien no estaba enterada de la situación y enfrentó a la monja en privado. Quién sabe que descubriría y qué acciones tomaría en esa entrevista con ella, pero a partir de entonces la situación cambió.

Cuando un niño es molestado por otro niño, las cosas serán diferentes. Es bien común encontrar estos casos en prácticamente todas las escuelas, situaciones en las que un niño o grupo de niños molesta a otro respetidamente, burlándose y humillándolo. Si los padres le dijeran a ese niño: "voy a ir a hablar con tu compañero y a ponerlo en su lugar", el niño respondería sin duda: "¡no, por favor, no lo hagas!" Y tiene razón, porque eso en cierta forma lo pondría en ridículo y puede resultar contraproducente al reforzar aún más las burlas y las agresiones. Sólo en el caso de que éstas pongan en peligro el bienestar o hasta la vida del niño, por supuesto que los padres deben intervenir, hablar con las autoridades escolares y con los padres del o los agresores para poner fin a la situación.

Pero en los casos comunes y cotidianos que se ven en las escuelas, hay que enseñar al niño a defenderse. No hay recetas de cocina o libro de instrucciones sobre cómo enseñarle o qué debe hacer, porque cada caso es especial y tiene que ser "diseñado" especialmente para la situación de la que se trata. Lo que quiero dejar claro en este punto es que cuando se trata de "niños contra niños", ellos deben lidiar, negociar, defenderse y poner límites, pero los padres debemos enseñarles cómo y, sobre todo, hacerles saber que ahí estamos para apoyarlos en lo que necesiten.

A continuación presentaré un caso de éstos, con el objetivo de plantear una idea general sobre los posibles manejos de estas situaciones, aunque como siempre, insisto, éstos son sólo lineamientos que te pueden aportar algunas ideas. Confía en tu propia sabiduría interior, que te guiará en el proceso de enseñar a tu hijo a defenderse y solucionar la situación por la que está pasando. Recuerda que sabes mucho más de lo que crees que sabes.

Un niño de cuarto de primaria recibía constantes burlas por parte de un grandulón de su salón. Los aliados del grandulón se morían de risa por las tonterías que él le decía al niño por ser flaco, por ser aplicado, por tener la nariz grande y los cabellos rizados, etc. El niño siempre permanecía callado, agachaba la cabeza y seguía caminando pretendiendo que no oía, mientras el grandulón y sus aliados caminaban tras él humillándolo y burlándose ruidosamente.

Esta situación le estaba afectando tanto al niño agredido que ya no quería asistir a la escuela. Sus padres estaban muy preocupados y decidieron buscar ayuda profesional porque se encontraban muy confundidos sobre lo que era adecuado hacer.

En una sesión de terapia, le pedí al niño agredido —quien por cierto era muy agudo e inteligente— que visualizara una de esas escenas en las cuales estaba sucediendo todo eso que me había contado y que me describiera cómo se veía a sí mismo y cómo se sentía. Me contestó que se veía y se sentía chiquitito, miniatura, oscuro y percibía a los otros que caminaban tras de él, como si fueran gigantes enormes y poderosos, y sus risas y voces tenían un altísimo volumen. Al visualizar la escena sentía mucho calor y dificultad para respirar, como si no hubiera oxígeno en el aire.

Apliqué una técnica muy efectiva propuesta por la Programación Neurilingüística, para modificar la percepción que el niño tiene tanto de sí mismo como de los otros niños y de la situación. Cambiamos las imágenes, sonidos, luminosidad, temperatura, sensaciones, sentimientos, etc., con el fin de transformar la escena. Modificó la imagen de sí mismo viéndose grande y lleno de luz, sintiéndose fuerte, valioso y digno. Asimismo, modificó las imágenes de los otros niños, visualizándolos tan pequeños como pudiera, ajustando la luminosidad de la escena al punto que le pareciera adecuado y bajando el volumen de sus voces hasta que no las escuchara más.

Luego de haber hecho esto, le sugerí una acción específica a tomar a partir del día siguiente: iba a "espejear"[1] a su compañero abusador, para que experimentara lo que él siente cuando se burla de él. "¿Qué defectos tiene el niño abusador?", le pregunté. "Tiene los dientes chuecos y la voz muy chillona", me respondió. Desde el día siguiente, cada vez que el grandulón lo molestara, él también comenzaría a hacer bromas sobre sus dientes chuecos y a repetir las mismas palabras que él le decía, pero arremedando su voz chillona.

Fue increíble el rápido efecto que este manejo tuvo; tomó sólo dos días para que el niño abusador se pusiera en paz, puesto que las cosas que el niño le dijo al grandulón provocaron en sus aliados la misma risa estruendosa y burlona. Al abusador no le gustó en lo absoluto que esta vez fuera a costa de él y le quedó muy claro que las cosas habían cambiado y que si seguía fastidiando, también sería fastidiado. Y como era el líder del grupo de latosos, al dejar de molestar al niño, los demás también dejaron de hacerlo.

Los abusadores de cualquier edad y de todo tipo no son nada tontos; saben muy bien dónde y cuándo es momento de parar y ese momento es, sin duda alguna, cuando se les ponen límites.

---

[1] "Espejear" significa hacer lo mismo que la otra persona, con el fin de que se pueda ver a sí misma como en un espejo y así darse cuenta y estar consciente de sus acciones.

7

Amor con sabiduría

No existen los padres perfectos, pero hay un millón de maneras de ser buenos padres.

Jill Churchill

"Amor"... dicen todos los iluminados de todos los tiempos que es una fuerza poderosa que salva, transforma, une y sana, que es la esencia de la que estamos hechos, que nuestro ser es la fuente del amor. ¡Yo lo creo sin lugar a dudas!, ¡pero cuán frecuentemente confundimos el amor con otras cosas que ni de lejos se le parecen!

Te confieso que a veces, en mi incansable búsqueda de encontrar respuestas y caminos interiores, me encuentro preguntándole al Eterno, con un dejo de impaciencia y ansias de entender: "¿por qué si somos amor, nos hemos olvidado y alejado de lo que somos, para emprender este difícil camino de volver a encontrar lo que ya teníamos, de reaprender lo que ya sabíamos, de convertirnos en lo que ya éramos?" A veces aparecen en mi conciencia las respuestas muy claras, sólo para que se vuelvan a nublar cuando me encuentro comportándome a años luz de ese amor incondicional y sabio que cura, que transforma, que une y salva.

Tal vez en algún punto de mi trayecto aprenderé, reencontraré, recordaré... seré.

Mientras tanto, cada día decido poner en práctica algunas herramientas, que yo creo de corazón, que son manifestaciones de amor y, por lo tanto, de alguna manera y medida sanan, transforman, unen y salvan.

En cuanto al tema de la relación entre padres hijos, he llegado a la convicción de que algunas de esas herramientas a las que me he referido son reales, aplicables, posibles de realizar y realmente efectivas en el logro de la meta sublime de llegar a amar a nuestros hijos con sabiduría.

Amor con sabiduría significa ser capaces de crear la armoniosa combinación de una firme disciplina y un gran amor, una fórmula infalible. Significa ser capaces de combinar el corazón con la mente de tener, como dice el maestro Orin: "un corazón sabio y una mente amorosa". Un padre que los tiene no puede por motivo alguno ser sobreprotector ni castrante, tampoco débil e indigno. Es, en cambio, un padre que sabe cuándo dar y cuándo no; cuándo y hasta dónde soltar, cuándo y hasta dónde retener; cómo y cuándo ayudar y cómo y cuándo dejar de hacerlo. Siempre respaldado por el gran amor por sus hijos y por su mente sabia.

El padre "con corazón sabio y mente amorosa" es capaz de ofrecer a sus hijos los mejores regalos que un padre puede otorgar, la mejor herencia que se les puede dejar y los mejores aprendizajes que se les pueden enseñar.

LOS MEJORES REGALOS PARA TUS HIJOS

No hay duda alguna del valor que tiene todo lo que los padres damos a nuestros hijos y es importante que lo reconozcamos y validemos. No obstante, hay ciertos regalos que les podemos otorgar cualquiera que sea su edad, que los respaldarán durante toda la vida, beneficiándolos mucho más de lo que podemos imaginar y que, me atrevería a decir, pueden hacer la diferencia entre un hijo feliz y sano y uno que no lo es. Hablemos de esos regalos:

ENSÉÑALOS A SER FELICES

Hay ciertas preguntas que al parecer todos nos hemos hecho en algún momento de la vida: ¿qué es la felicidad? ¿Cómo se alcanza? ¿Realmente es posible ser feliz? ¿Por qué parece tan difícil serlo?

Yo creo que la felicidad es una decisión. La decisión de "elegir" ser feliz, aun cuando las circunstancias externas no sean las que quisiéramos. Y para lograr esto es necesario poner en acción uno de los derechos humanos más valiosos, aunque con frecuencia olvidado: "el libre albedrío". Esto significa usar la propia voluntad para decidir cambiar la perspectiva desde la cual vemos las cosas de la vida que no nos gustan y, como consecuencia, nuestros sentimientos al respecto, así como nuestra forma de reaccionar ante ellas. Cuando nuestra felicidad depende de que nuestros seres queridos, el clima y las circunstancias de la vida sean como queremos, sin duda alguna no podremos ser felices.

Mi sabio hermano Francisco posee una impresionante capacidad para llevar a cabo este proceso de elegir qué sentir y cómo reaccionar ante las cosas de la vida. Él decide cómo sentirse, él elige qué reacción tener. Y cuando algo lo saca de ese espacio, he visto cómo lleva a cabo un cierto proceso interno y se sobrepone muy pronto, retomando las riendas de su voluntad y su libre albedrío para elegir sentirse y actuar como él lo decide. Nada externo determina su sentir, su actuar, su felicidad y su bienestar... él lo determina. Él es, sin duda alguna, la prueba viviente más cercana que tengo, que me confirma que estas cosas son posibles y también es mi inspiración para hacerlo funcionar en mi vida.

"Hay personas que encuentran en todo una razón para sufrir", decía hace poco un sabio amigo mío, y de seguro, si lo quisiéramos, podríamos encontrar razones para sufrir aún en las situaciones que son una fuente de alegría. También es posible encontrar razones para disfrutarlas. Uno mismo elige lo uno o lo otro.

Es cierto que hay experiencias sumamente dolorosas que requieren un tiempo de duelo, el cual incluye etapas en las cuales se experimentan diferentes sentimientos, como la ira, el dolor, la culpa y también la aceptación, con toda la paz y serenidad que ésta trae consigo. Para llegar a ella, es necesario tomar la decisión de ver la situación desde una perspectiva diferente, para poder encontrar no el "porqué", sino el "para qué" sucedió.

Enseñar a nuestros hijos a ser felices significa ayudarlos a comprender que tienen la capacidad y la libertad para decidir y que siempre pueden elegir cómo reaccionar ante las cosas de la vida que no están bajo su control.

Pondré un par de ejemplos:

- En una situación en la que tienen que esperar pueden elegir enojarse, aburrirse, desesperarse o encontrar algo interesante que hacer durante ese tiempo.
- En el caso de que algo no resultara como esperaban, tienen la alternativa de sentirse fracasados, culpar a otros, enojarse con la vida o tomarlo como un reto, una oportunidad para aprender y madurar, y entonces tomar acciones, como hacer una lista de lo que falló, para que la próxima vez no suceda.

Muéstrarles que siempre tienen alternativas, ayúdalos a verlas, a entender que tienen la capacidad de elegir entre ellas y asumir las consecuencias de su elección. Por supuesto, la mejor forma de aprenderlo, es que vean a sus padres haciéndolo. Si tú desarrollas la capacidad de percibir las situaciones desde otro punto de vista, de elegir ver lo que sí tienes, en lugar de lo que no, de decidir ser feliz y estar de buen humor aunque algo no te guste, ten por seguro que tus hijos la desarrollarán también, porque ellos aprenden de lo que eres, no de lo que dices.

Retomemos, pues, nuestro poderoso y tan desperdiciado "libre albedrío", que es, entre muchas otras cosas, un infalible camino hacia la felicidad.

SÉ UN PADRE SANO Y FELIZ

Ya he perdido la cuenta de la cantidad de veces en la vida que he insistido en este punto. Esto es porque estoy convencida en cuerpo y alma de lo importante que es.

Cito en mi libro *Tu hijo, tu espejo*: "Cuando un hijo tiene padres infelices, cualquiera que sea la forma en que esto se manifiesta, como el estar eternamente deprimido, amargado, de mal humor, sufriendo, etc., no se da a sí mismo el permiso de ser feliz, porque inconscientemente lo experimenta como una traición: 'si mis padres no son felices, tampoco yo puedo serlo'. También de forma inconsciente creará situaciones para auto-sabotearse, echando a perder todo lo bueno que la vida le ofrece o simplemente no se permite el disfrutarlo. Cuando, por el contrario, un hijo tiene padres felices, también se da a sí mismo el permiso de serlo".

Tan extraño como esto pueda parecer, recomiendo que los padres digamos a nuestros hijos de cualquier edad: "tienes todo mi permiso para ser feliz, exitoso, sano, rico, tener una excelente relación de pareja", etc., según venga al caso. Hacer esto libera a nuestros hijos amados, quitándoles la carga de tener que seguir aquellos de nuestros pasos que conducen a destinos desafortunados.

Crea tu felicidad, haz cosas que te gusten, sana tus heridas y conflictos personales. Todos los tenemos, pero una de las maravillosas ventajas de ser adultos es que podemos tomar la responsabilidad de sanarlos y, si es necesario, de buscar ayuda profesional para lograrlo. Trabajar en conocerte a ti mismo y sanar las áreas de tu persona que lo necesitan no sólo es un gran favor que te haces a ti mismo, sino también a tus hijos, porque serás una madre o un padre sano, feliz y maduro. Esto hace que tus hijos se sientan seguros, protegidos y con la certeza de que tienes la capacidad de cuidarlos y llevarlos por la vida.

Ser un padre feliz te vuelve inmune a sobreproteger a tus hijos.

AYÚDALOS A DESARROLLAR SU AUTOESTIMA

"Nada beneficia más al ser humano que su autoestima", afirma John Milton, porque ésta nos permite sentirnos valiosos, capaces y dignos de ser amados, exitosos y felices.

Un invaluable regalo que les podemos ofrecer a nuestros hijos es apoyarlos para que desarrollen su autoestima. He aquí algunas recomendaciones:

AYÚDALOS A DESARROLLAR SUS TALENTOS: todos vinimos al mundo "equipados" con una cantidad de ellos y nos sentimos atraídos a las experiencias y actividades que nos permiten desarrollarlos. Esto nos conduce a sentir esa plenitud, satisfacción, gozo y sensación de éxito que son sensaciones muy conocidas para todos aquellos que tenemos la fortuna de trabajar en lo que nos permite poner en práctica nuestros talentos. Cuando tu hijo lleva a cabo actividades relacionadas con ellos, experimenta esos sanadores sentimientos que fortalecen su autoestima, puesto que a través de esas actividades en las cuales los pone en práctica experimenta agradables sensaciones de satisfacción y logro. Esto es indudable, puesto que lo hace bien, se le da de manera fácil y espontánea y lo disfruta muchísimo.

Así también, si tu hijo no es eficiente en alguna área de su desempeño escolar, el realizar actividades en las que sí lo es le ayudará a compensar su carencia y a no sentirse inferior o inadecuado.

Es muy fácil reconocer los talentos de tus hijos, porque todo el tiempo y en todas las edades los muestran a través de sus juegos, comentarios, intereses y acciones. Poniendo en práctica nuestros talentos es como los seres humanos realizamos nuestra misión, vocación, o propósito de la vida. Nuestra función como padres no es distraer a nuestros hijos de su vocación o, peor aun, intentar cambiársela, sino ayudarlos a descubrir, desarrollar y expresar sus talentos, que son los medios por los cuales cumplirán el propósito para el cual están aquí.

CUANDO LES LLAMES LA ATENCIÓN, USA UN LENGUAJE TEMPORAL, NO PERMANENTE. Esto significa que, en lugar de expresarle algo como: "eres un egoísta" (lenguaje permanente) dile: "te estás comportando muy egoísta con tu hermano" (lenguaje temporal). En lugar de: "eres un malhecho", dile "esta tarea está muy malhecha". Porque cuando expresas "eres", te estás refiriendo a su identidad, como si todo él fuera siempre así, y esto va formando su autoconcepto (lo que él piensa de sí mismo), el cual, como previamente comentamos, es la base de la autoestima. Sucede con frecuencia que cuando los padres, en nuestro intento por rechazar un comportamiento, podemos estar rechazando a nuestro hijo completito, dándole el mensaje de: "todo tú me desagradas" en lugar de: "tu comportamiento me desagrada".

EXPRÉSALES TU AMOR tanto verbal como físicamente. No des por hecho que lo saben, porque aunque así sea, tus hijos necesitan escuchar y sentir que los amas. Un hijo que se siente amado será un ser humano seguro, sano y feliz, cualidades inseparables de la autoestima.

HÁBLALES DE LO QUE TE GUSTA DE ELLOS Y DE LO QUE SÍ HACEN BIEN. A veces los padres les hablamos a nuestros hijos mucho más de lo que hacen "mal" que de lo valiosos que son y las cualidades que tienen. Para los niños, la palabra de los padres es la ley, la verdad absoluta. Si constantemente le dicen que es malo, tonto, flojo, desobediente, irresponsable, etc., el niño lo cree ciegamente. Es fácil imaginar la clase de autoconcepto que ese niño desarrollará, hasta llevarlo a convencerse de que no vale, y simplemente es… inadecuado. Y si el autoconcepto, como lo hemos mencionado ya, determina la autoestima, será muy difícil que un niño en estas circunstancias la adquiera.

ÁMALOS INCONDICIONALMENTE

Esto no significa que todo lo que tu hijo hace te agrade, que nunca te molestes con él o que no le llames la atención cuando sea necesario. Significa más bien que aunque tu hijo haga algo que no te gusta, aun así lo amas y eres capaz de decirle: "me molesta mucho lo que hiciste, pero de todas maneras te amo muchísimo".

Cada día me convenzo más del poder sanador que tiene el amor incondicional. Nunca me cansaré de insistirles a los padres sobre la importancia de que lo aprendamos y desarrollemos, porque, sean cuales fueren los errores "técnicos" que cometamos en nuestro rol como padres, éstos serán amortiguados por el amor y no dejarán dolorosas e imborrables heridas y huellas en el corazón y la psique de nuestros hijos.

¡Lo único que realmente afecta a los seres humanos y les arruina la vida es la falta de amor! Pero su poder sanador es tal que, aun cuando el corazón de una persona lleve grandes heridas de desamor que le han arruinado la vida, es posible sanarlas y reparar lo destrozado. Ese trabajo lo hace el amor y nunca es tarde para que suceda.

Recuerdo un caso que atendí, que movió las fibras más profundas de mi ser. Un paciente soltero, de 34 años, se sentía sumamente desesperado por su constante fracaso en todas las áreas de su vida: a pesar de que era muy trabajador y responsable, fracasaba en todo negocio que ponía; tampoco se atrevía a invitar a una mujer —ni siquiera a hablarle—, a pesar de que era bastante atractivo y agradable. Todo proyecto le fallaba y estaba llegando a convencerse de que no había esperanza para él, lo cual expresó de esta manera: "yo creo que habemos personas en el mundo para quienes simplemente las puertas no están abiertas". Su desesperanza era tal, que nada de lo que yo le dijera o él leyera en un libro lo podía convencer de lo contrario.

A través de nuestras conversaciones en las primeras sesiones, me di cuenta de que siempre, desde niño, había sido fuertemente desaprobado y descalificado por su papá. Hiciera lo que hiciera, su frío y exigente padre lo desaprobaba. Era obvio que el padre nunca le dio el "espaldarazo"; nunca le otorgó "la fuerza" ni le dijo en su corazón: "¡que la fuerza te acompañe!" Lo único que ese joven necesitaba era la enegía masculina que no pudo tomar de su padre, porque éste nunca se la transmitió; y como expliqué en capítulos anteriores, la carencia de ella era lo que le impedía conquistar, crear, vencer y lograr.

Le pregunté si creía que su padre querría venir a una sesión de terapia con él y me respondió que se lo pediría. ¡Me dio mucho gusto cuando me llamó para decirme que el padre había aceptado! Porque aunque estos trabajos que tienen que ver con los padres se pueden hacer sin su presencia física, la ayuda directa de ellos puede incrementar a la millonésima potencia los efectos sanadores del trabajo y reduce el tiempo y el esfuerzo. En fin, el padre llegó a la siguiente sesión con su hijo.

Aunque estoy convencida de que siempre —para todo el que lo pida— hay Presencias Superiores que nos guían y nos ayudan en estos trabajos de curación, en ocasiones experimento fuertemente esas presencias. Ésta fue una de esas ocasiones.

El hijo comenzó a hablar y a decirle a su padre cuánto había deseado desde niño hacer cosas con él, cómo le servirían sus consejos como adulto, cuánto necesitaba que con su experiencia como el exitoso hombre de negocios que era lo aconsejara para él también triunfar. Y muchas otras cosas, referentes a situaciones específicas de los 34 años de su vida.

El padre al principio guardaba una actitud fría y defensiva, lo cual era entendible. Pero poco a poco su expresión se suavizó, se fue relajando, se fue abriendo, como respondiendo a la Luz que esas Presencias Superiores le estaban enviado a su corazón cerrado y dolido, por las heridas de su propia historia. Y en un momento dado soltó el llanto. Comenzó a decirle a su hijo, por primera vez en su vida, cosas que le gustaban de él: cuánto admiraba su tenacidad, qué orgulloso estaba de lo que se atrevía a hacer y que, aun fracasando, seguía adelante. Le dijo que le dolía verlo infeliz y que sus negocios no funcionaran, porque veía que trabajaba muy duro, y le afirmó que, ¡por supuesto que sí!, estaba dispuesto a aconsejarlo y apoyarlo. Y finalmente expresó algo que, en mi opinión, fue lo que destapó el canal invisible, el camino bloqueado por el que comenzó a fluir como un torrente tanto tiempo contenido, la energía de amor y vida del padre mismo y de todos sus antecesores varones: "yo creo en ti, yo confío en que vas a triunfar y a ser feliz".

El hijo también lloraba. En un conmovedor arranque, ambos se pararon y se abrazaron fuertemente, mientras se daban el permiso de decirse, por primera vez en su vida, cuánto se amaban, se necesitaban, y lamentaban lo que uno al otro se habían herido. Era un momento tan sublime, poderoso y sagrado, que me sentí impulsada a salir por unos momentos, como sabiendo que era un asunto privado, entre el corazón del padre y el del hijo. Y yo, para honrar y reverenciar ese sagrado encuentro de sus almas, me salí.

Después de unos momentos regresé y se encontraban riendo y haciendo bromas sobre la cantidad de pañuelos desechables que habían usado y los ojos y la nariz roja que ambos tenían. ¡Había tanta paz y gozo en el ambiente! Después de hacer lo apropiado, cerramos la sesión y se fueron. Nunca volví a ver al padre… no era necesario. Al hijo sólo fue preciso verlo algunas veces más. Al paso de los meses, su negocio de exportación de artesanías comenzó a florecer, se le abrieron nuevos mercados, le llegaron vendedores realmente brillantes y el dinero empezó a fluir a su vida.

Eventualmente recibo algún correo electrónico de él, "actualizándome" sobre su vida y contándome los acontecimientos más importantes que le van sucediendo, como su boda y el nacimiento de su hermosa hija.

Éste ha sido uno de los casos más impactantes que yo he llevado, por muchas razones, una de ellas la sorprendente transformación o curación, que se llevó a cabo prácticamente ante mis ojos, gracias a la apertura y disposición del padre. Y también porque me mostró de manera clara como el agua, que el amor puede curar las heridas, tan viejas y grandes como sean. Nunca es tarde para que el amor sane, una y transforme.

"VE" A TUS HIJOS

"Rómpeme, mátame, pero no me ignores [...]", dice la famosa canción del grupo "Trigo Limpio", expresando con ello que la indiferencia duele más que la agresión.

Karen Horney, reconocida psiquiatra y psicoterapeuta, escritora y autora de importantes teorías sobre la neurosis, que hasta la fecha se consideran quizá las mejores propuestas al respecto, estudió por muchos años los factores causantes de la neurosis en los seres humanos. Afirma que si bien es cierto que algunas de las personas que han sido abusadas o abandonadas en la infancia se convierten en adultos que sufren de neurosis, en la mayoría no es así. Aun cuando una persona haya tenido un padre violento o una madre enferma mentalmente, o haya sido sexualmente abusada por un tío, si cuenta con otros miembros de la familia que la aman, la cuidan y la protegen de futuras heridas, crecerá sana y feliz.

Pero es aún más importante notar —enfatiza Karen Horney— que la gran mayoría de los adultos neuróticos, de hecho no sufrieron de abuso o abandono en su infancia. De manera que si el abandono y el abuso no es lo que les causó la neurosis, ¿qué es entonces?, se pregunta.

Su impresionante respuesta es lo que ella llama la maldad básica, que es nada menos que la indiferencia de los padres: justamente la falta de afecto y calidez durante la infancia. Y agrega que experiencias desagradables en la niñez y errores de los padres en su forma de educar al niño pueden superarse, siempre y cuando éste se sienta aceptado y amado.

Esa indiferencia de los padres, a la que Karen Horney define como la causa principal de la neurosis, se manifiesta en actitudes y comportamientos por parte de los padres, tales como: no cumplir promesas hechas, preferir a un hijo sobre el otro, burlarse de su hijo (bien sea de sus sentimientos, sueños, físico u opiniones), burlarse también o descalificar a los amigos de su hijo o entorpecer sus relaciones con ellos, sin ninguna causa justificada. Pero, más aún, la devastadora y destructiva indiferencia de los padres se manifiesta en su máximo esplendor precisamente en la falta de atención e interés en la vida, los asuntos, los sentimientos y necesidades del niño, cuyos padres ignoran, no "ven", porque están muy ocupados viendo a los otros hijos, o a sí mismos y sus propios problemas. El niño entonces es ignorado, invisible, no es "visto".

Ese "Rómpeme, mátame, pero no me ignores [...]" es una cruda y casi aterrorizante expresión de la necesidad del ser humano de ser "visto" por el ser amado, del lacerante dolor de ser ignorado. En la infancia, los seres más importantes por los que los niños necesitan ser "vistos" son sus padres.

¿Cómo "verlos" entonces? Hablando con ellos todos los días de lo que sea... del clima, de tus proyectos de trabajo, de sus sueños y actividades, de la comida, de los coches, de las nubes, ¡de lo que sea! Abrázalos, bésalos, reconóceles todo lo que te gusta de ellos. Y haz todo lo que tu corazón sabio y tu mente amorosa te dicten, para que tus hijos no se sientan invisibles e ignorados.

Mensaje final

Voy a correr el riesgo de parecerte engreída y exagerada y te contaré cómo me siento como madre. Mis hijos Marcia y Francisco tienen ya 30 y 28 años. ¡Todos unos adultos! A veces les digo en broma que ya casi son mayores que yo. Ya volaron del nido y cada uno se encuentra en lo suyo, viven en el lugar que han elegido para vivir y trabajan por los sueños que han elegido realizar. Son responsables de sí mismos, felices y muy buenas personas.

Cuando hablo por teléfono o paso algún tiempo con mi hija Marcia, me quedo fascinada de la clase de ser humano que es. Cuando hablo por teléfono con Paco o paso tiempo con él, me quedo igualmente fascinada por lo que él es. ¡Me encantan mis hijos! ¡Me fascinan! ¿Que si tienen defectos? ¡Por supuesto que sí! Grandes como los de su madre. ¿Que si a veces estoy en desacuerdo con ellos o me molesta algo? ¡Por supuesto que sí! Pero me embeleso al verlos, al penetrar en su vida, sus sueños, sus logros, sus dudas y conflictos que comparten conmigo. Me embeleso al comprobar que aun cuando pasamos etapas muy difíciles, incluidos todos los errores que su padre y yo cometimos, el amor siempre estuvo presente, estuvo ahí para envolverlos y alimentarlos, y su efecto se les nota.

Yo te invito a darte el permiso de también embelesarte con tus hijos. Porque existe una cierta prohibición social, no hablada, pero que casi todos obedecen, la cual, si le diéramos palabras, se expresaría así: "no es bien visto decir que tus hijos son maravillosos, y mucho menos que te sientes muy satisfecho en tu desempeño como padre o madre. Los padres que hablan maravillas de sus hijos son padres 'cuervos' que no quieren verles su fealdad".

¡Qué creencia tan ridícula! No sé quien la inventó, pero ¡qué ridícula y tonta! De hecho, cuando una madre o un padre hablan de los defectos y fracasos de sus hijos, esto es totalmente aceptado; nadie lo criticará ni juzgará. Pero si se le ocurre hablar de lo maravillosos que son, quien escucha piensa que está haciendo algo inadecuado y desagradable y comportándose como un verdadero padre "cuervo". En lugar de obedecer a esas tonterías, ¡démonos el permiso de embelesarnos con nuestros hijos!, ¡de hablar de lo maravillosos que son y de cuánto nos gustan!, con todos sus defectos… y los nuestros.

Aunque sé que el padre de mis hijos los ama inmensamente, no tengo derecho a hablar por él; por lo tanto, hablo sólo por mí: he amado a mis hijos con todo mi ser, profundamente y durante cada segundo de su vida. Desde mucho antes de nacer, más allá del tiempo y el espacio.

Ese amor lo he vertido a través de actos, formas y caminos, que me he puesto a traducir en palabras para plasmarlos en este capítulo, tejiéndolos a la vez con los actos, formas y caminos a través de los cuales, otros padres han traducido su amor. Para tal fin, me di a la tarea de pedir ayuda a 37 madres y padres, con hijos desde bebés hasta 62 años; padres y madres que me encantan y a los cuales admiro por el "amor con sabiduría" con el que han cobijado a sus hijos a lo largo de la vida. Y sus hijos muestran los efectos.

A cada uno de esos padres les hice esta pregunta: ¿qué consejos le darías a otros padres? Me impresionó la similitud de todas las respuestas, las cuales he tejido con las mías propias y con los hilos dorados de la vida misma, dando como resultado el siguiente pequeño "manual de amor con sabiduría", que bien podría ser una síntesis de este libro y que lo ofrezco a ustedes:

- Madres, padres, ¡por favor adoren a sus hijos!
- Exprésenles su amor con palabras, con abrazos y besos. No den por hecho que sus hijos saben que los aman; ellos necesitan escucharlo y sentirlo.
- Cuando ellos cometan un error, aliéntenlos y muéstrenles el camino correcto, en lugar de rechazarlos o despreciarlos.
- Cuando les den dinero para la colegiatura, los zapatos, la comida, el cine, háganlo con gusto, en lugar de poner una mala cara y dar ese dinero con reclamos y quejas. Como padres, les corresponde cumplir con el sagrado compromiso de mantenerlos.
- Cuando les den un consejo, háblenles de las experiencias de su vida que les llevaron a aprender eso.
- Si quieren que sus hijos les cuenten sus cosas, no los interroguen. Ustedes cuéntenles acerca de sus sueños, sus proyectos, sus dudas y certezas y sus reflexiones profundas sobre la vida.
- Cúmplanles todo lo que les prometen para que ellos puedan aprender a confiar y a creer.
- Déjenlos ensuciarse con el lodo de la vida y quitárselo de encima por sí mismos.
- No les quiten el gozo de lograr y triunfar, haciendo todo por ellos.
- Díganles NO firmemente cuando tengan que hacerlo, aunque se enojen y lloren, porque así desarrollarán la habilidad de adaptarse a todas las situaciones de la vida y la fortaleza interior para sobrevivir emocionalmente a las etapas difíciles.
- Crean en ellos y háganselos saber.
- Cuando caigan, permítanles levantarse por sí mismos, permítanles al menos intentarlo, sabiendo que su mano está ahí por si en verdad la necesitan.
- Ámenlos incondicionalmente, y cuando los reprendan por algo, déjenles saber que desaprueban esa conducta, pero que de todas maneras los siguen amando.

- Apóyenlos para realizar sus sueños, no los sueños de ustedes, porque es función de los padres ayudar a sus hijos a cumplir la misión para la cual están aquí.

- ¡Nunca permitan que los maltraten!, porque esto viola las sagradas Leyes de la Jerarquía, les cierra las puertas a sus hijos y les hace la vida más difícil.

- Dénles las gracias por todas las bendiciones y aprendizajes que ellos han traído a su vida.

- Y acéptenlos tal como son, porque lo más importante para un hijo es saberse aceptado, amado y aprobado por sus padres.

Y entonces, madres y padres, podrán respirar profundo, con la paz que da la "misión cumplida", porque pueden estar seguros de que habrán hecho de sus hijos personas buenas, sanas y felices.

Agradecimientos

A los miles de padres de familia con los que he trabajado les ofrezco mi más profunda gratitud por todo lo que he recibido y aprendido a través de ellos. Mi sincero reconocimiento y admiración, por su inagotable deseo de aprender y crecer.

Muy especialmente, gracias a todos los padres e hijos, que con sus historias han formado parte de este libro, enseñándonos profundas lecciones y enriqueciendo la vida de los que las hemos conocido.

A mis amados padres Pedro y Margarita, gracias por el caudal de amor y vida que me transmitieron, por tantas y tan invaluables cosas que me enseñaron.

Gracias a mis hijos amados Marcia y Francisco, por darme la gozosa vivencia de ser madre y así experimentar "de primera mano" todo lo que en mi vida profesional expreso sobre la paternidad.

A toda la gente de la editorial Random House Mondadori, sello Grijalbo, por lo que cada uno hace y aporta para la realización de este libro. Muy especialmente mi gratitud al director, Pedro Huerta, y al director editorial, Cristóbal Pera, por su confianza. A César Gutiérrez, Ariel Rosales, Enrique Calderón, Denixe Hernández y Raúl Palomares, por su apoyo, sugerencias, entusiasmo y experiencia.

Esta obra se terminó de imprimir
en el mes de octubre de 2024,
en los talleres de Diversidad Gráfica S.A. de C.V.
Ciudad de México